编审委员（按汉语拼音排列）

董炳月（中国社会科学院）

黑古一夫（日本筑波大学）

杰拉尔德·波特（Gerald Porter，芬兰瓦萨大学）

齐皎瀚（Jonathan Chaves，美国乔治·华盛顿大学）

齐亚丽（上海海洋大学）

谭晶华（上海外国语大学）

王靖宇（John Ching-yu Wang，美国斯坦福大学）

夏含夷（Edward Louis Shaughnessy，美国芝加哥大学）

伊藤德也（日本东京大学）

于长敏（吉林大学）

赵京华（中国社会科学院）

郑克鲁（上海师范大学）

朱　徽（四川大学）

Studies on Chinese
Cultural Images Abroad

域外中国
文化形象研究

齐 珮　陈 橙／主编

中央编译出版社
Central Compilation & Translation Press

序 言

经济全球化时代，亦是人类全球化及文化全球化时代。改革开放以来，中国取得了社会经济发展的伟大业绩，世界为之瞩目。在复杂的国际竞争格局中，甚嚣尘上的"中国威胁论"、"中国责任论"的喧哗声，让中国的"国家形象"意识日渐觉醒。"国家形象"关乎一个国家在世界格局中的总体形象认知和评价，尤其是国家文化形象，它是一个国家文化软实力的重要标志，也是一个国家基于文化的生命力、创新力、传播力而形成的思想、道德和精神力量。建构中国国家文化形象，是我们提高文化软实力，努力展示中华文明独特魅力的文化自觉，也是习近平主席所说"使中华民族最基本的文化基因与当代文化相适应、与现代社会相协调，以人们喜闻乐见、具有广泛参与性的方式推广开来，把跨越时空、超越国度、富有永恒魅力、具有当代价值的文化精神弘扬起来，把继承传统优秀文化又弘扬时代精神、立足本国又面向世界的当代中国文化创新成果传播出去"的文化抉择。因此，国家文化形象建构问题的研究具有十分重要的意义。作为国内并不多见的具有百年历史的高等学府，上海海洋大学不满足于在水产学、海洋科学等自然科学领域继续发挥着创新引领作用，学校在国际海洋政策与法律、中国鱼文化、海洋经济研究、海洋文化研究等人文社会研究方面也逐渐崭露头角，形成影响力。作为其中一项研究成果的集成——《域外中国文化形象研究》第一辑即将发刊，这正是我校一批怀揣中华复兴的伟大梦想、坚守着学术信仰的可爱的年轻教师团队的青涩之作。他们为应对中国国家文化形象建构及跨文化传播发展战略，以极大的热情和创造力，在教学和科研道路上孜孜以求，既身体力行又问道无疆,几度重新"开始",又几经"搁浅",克服了重重困难后,才得以艰难完成。团队成员齐珮副教授、朱骅副教授、陈橙博士、王蕾博士、黄冠乔博士等青年学者分别在东亚文化交流、文学经典译介、中国国家海洋文化形象建构等研究领域均取得了可喜的研究成果。他们不仅先后获得了教育部人文社会科学研究项目、上海市哲学社会科学研究项目、上海市教育委员会人文社会科学创新研究项目等多项课题资助,同时还作为北京大学、中国社会科学院、美国威斯康辛麦迪逊大学、美国佛罗里达大学、芬兰瓦萨大学的高级访问学者,先后深入到国内外著名大学和研究机构开展广泛而深入的学术交流活动,积极推进了该项研究的多元化、国际化进程。作为一支新兴的学术力量,该研究团队力求打破学术观念上的壁垒,淡化学科意识,突出研究特色,借重语言优势,对接国家发展战略,以"创新、多元、包容"为宗旨,努力构筑一个新型的学术交流平台,以期为诸位方家提供合作交流、互通有无、畅所欲言的学术园地,从而为塑造良好的国家形象,实施卓有成效的跨文化传播战略贡献出我校的绵薄之力。

本书为《域外中国文化形象研究》学术思想集刊第一辑,主要包括中国文学经典译介与传播、比较文学视域下的东亚文化交流、域外中国国家文化形象研究三个专题,共收录文章13篇,文章作者大多是中国大陆、日本、芬兰、法国等国家的学者,所涉及的领域不仅广泛,也为各自所长。本辑所选的每篇文章大抵都是围绕中外文学/文化关系这一核心议题,从某一具体视角切入,展开缜密的分析和深入的论述。不仅如此,本辑在编排过程中也尽力呈现文章与文章之间所构成的多元视角和多重对话的充满张力的结构特征。这些文章讨论的对象关涉了文学、历史、社会、宗教等不同领域,而且文章作者的身份和文化立场本身就构成了某种意义上的异质性对话和文化的碰撞。这里不仅有中国学者讨论我国文学经典在西方的译介,还有海外学者讨论对中国文学经典的接受,以及域外文学在中国的传播,更有中日两国学者共同探讨日本作家的中国体验问题,正可谓众声喧哗,风云激荡,这也正是本集刊的期待之所在。

小荷才露尖尖角,早有蜻蜓立上头。域外中国国家文化形象这一庞大且重要的议题，对于这个尚处年轻的科研团队来说的确是沉甸甸的。但也正是因为这份"沉重"，才能够勉励他们必须前行，坚持到底。最后请允许我代表上海海洋大学感谢来自国内外每一位给本刊赐稿的学者和同仁，衷心希望本集刊的创刊能够有效地促进学者之间交流思想，切磋学术，从而推动相关领域的研究探索，切实地为中国国家文化形象的海外建构和传播助一臂之力。

是为序。

2014年5月19日 于上海临港

目 录

跨文化对话

"民族—人民文学"视域下澳大利亚和英国的中国形象构建
　　——以歌手、歌曲、移民为中心　　杰拉尔德·波特 / 003
日本战后派作家武田泰淳的"中国体验"　　黑古一夫 / 024
责任与形象：中国国际责任内外因素的和谐建构　　李守石 / 035

他山之石

杜甫诗歌在英美的翻译与影响　　朱 徽 / 051
中国文学经典在英语世界的拓展与突破
　　——以《哥伦比亚中国古典文学选集》为中心的考察　　陈 橙 / 062
美国文化发展中的汉风传统　　朱 骅 / 072
美人香骨化车尘　　齐 珮 / 084

说东道西

苦涩的回忆，苦涩的茶　　于长敏 / 103
基督和"道"的相遇
　　——保罗·克洛岱尔眼中的道家　　余中先　黄冠乔 / 110
渡边淳一文学在中国的译介与传播　　于桂玲 / 122
欲望的小客体　　王 蕾 / 134
太朴不散，太古无法　东西画魂，立于一画
　　——法国现代抽象画大师夏杰澜访谈录　　夏杰澜　黄冠乔 / 146
从抑郁症恐惧到海水浴迷狂
　　——18世纪西方社会对海水价值的发现　　孟 岗 / 155

附录

"Me no savvy". The national-popular as a site for the construction of Chinese identity by singers, songwriters and settlers in Australia and Britain　　Gerald Porter / 169

戰後作家武田泰淳の「中国体験」　　黒古一夫　/ 187

编后记　　/ 199

稿　约　　/ 201

跨文化对话

"民族—人民文学"视域下澳大利亚和英国的中国形象构建

——以歌手、歌曲、移民为中心

杰拉尔德·波特[*]

摘　要：意大利哲学家安东尼奥·葛兰西曾提出"民族—人民的文学"的概念作为构建民族国家的重要场域，近年来这一概念再次引起文学批评家的关注。葛兰西认为"民族—人民的文学"是某一时空的大众知识所处的相对僵化的阶段，这一阶段与特定的政治、社会环境有关。尽管知识分子与大众媒体对"民族—人民的文学"的产生起着至关重要的作用，其产生却逐渐被视为"自然"发展的结果。葛兰西指出，这种观念已成为社会意识形态的中心，为统治阶级的利益服务。近年来，乔·里尔森将这一观念拓展为民族性的表现之一。此外，曼弗雷德·白勒尔和里尔森在合著中区分了"可验证的说法"和"想象的话语"，例如，"法国是共和政体"属于前者，而"法国人崇尚自由"属于后者，并指出"想象的话语"是比较文学形象学的主要研究范畴。比较文学形象学家以文本为依据，构建某一修辞的互文文本而非阐述该修辞在现实中的指涉。如今，人们多用词句修辞而非社会学或人类学的数据资料来描绘一个国家的民族特质，然而一个同样真实却不那么明显的事实是：当今的种种国家形象都是通过其脱胎的文化语境发声的；但这种语境是源于话语实践的，既不代表潜在的集体声音，更不代

---

[*] 作者简介：杰拉尔德·波特，芬兰瓦萨大学英语系教授，研究方向为英国文学与文化、戏剧翻译与跨文化交流。联系方式：芬兰瓦萨大学英语系，电子邮箱：gepo@uwasa.fi。

表一个"国家"的大众声音。把包含多重声音的文学传统单纯地解读为一"国"的产物，无疑会令本质论乘虚而入。本文作者考察了中国的国家形象和民族形象是如何在19世纪的澳大利亚和英国的歌曲文化（口头文学的一种）中体现的。作者区分了自我形象和异质形象：自我形象显示了自我身份，异质形象则显示了他者身份。本文主要围绕自我形象，即澳大利亚人、英国人、爱尔兰人、苏格兰人和威尔士人的自我形象是如何通过再现中国和中国人的异质形象而体现出来的。本文将流行音乐中"中国性"的构建与传统文化和商业文化之间的关系联系起来，展示了"中国性"在搭建个人层面和集体层面的国家认同感的过程中如何发挥重要作用。在"中国性"这一重要的舞台上，不断涌现的社会矛盾不一而足，此消彼长。对中国人的外貌特点、中国语言的特殊习惯以及中国特有职业等方面的描述，并非体现了欧洲人对多元文化的身份认同，恰恰相反的是，这体现了欧洲人将中国和中国人随意肢解成了零散部件，正如1840年鸦片战争后欧洲列强将中国瓜分成附属物一样。

关键词：民族—人民的文学　自我形象　异质形象

> 我将前往遥远的彼岸，无法再作停留
> 朝向支那野蛮人，我将与其搏斗
> 　　《登上"袋鼠"船》：音乐厅歌曲，收录于1856年伦敦）[1]
> 　　霍屯督人：智力低下者，无教化者；蛮族土人
> 　　　　　　　　　　　　　　　　　　——《牛津英语词典》

本文作者考察了中国的国家形象和民族形象是如何在19世纪的澳大利亚和英国的歌曲文化（口头文学的一种）中体现的。曼弗雷德·白勒尔和乔·里尔森[2]区分了自我形象和异质形象：自我形象显示自我身份，异质形象则显示他者身份。

---

[1] 由歌手改编并传唱已久的歌曲，其创作时间往往是不可靠的。本文中，凡有涉及知名歌曲作者所作、却几经歌手改编的歌，笔者根据各种内部证据和外部证据（包括语言的、术语的、社会细节的证据等），给出一个大致的创作时间。

[2] Beller, Manfred, and Joep Leerssen, eds. Imagology. *The Cultural Construction and Literary Representation of National Characters: A Critical Survey.* Amsterdam: Rodopi. 2007. p. 28.

本文主要围绕自我形象，即澳大利亚人、英国人、爱尔兰人、苏格兰人和威尔士人的自我形象是如何通过再现中国和中国人的异质形象而体现出来的。

白勒尔和里尔森在合著中区分了"可验证的说法"和"想象的话语"，例如，"法国是共和政体"属于前者，而"法国人崇尚自由"属于后者，并指出"想象的话语"是比较文学形象学的主要研究范畴。比较文学形象学家试图以文本为依据，来构建某一修辞的互文文本而非阐述该修辞在现实中的指涉[1]。这就意味着，当人们提及"辫子"或中国长城的时候，这些词语相互关联的方式以及词语本身已经具有的生命力，要比描述实际存在的长城更为重要。通过探讨中国（或其他文化）的多种形象，把关于中国某一形象的实际有效性的讨论从简单的求证（如："移民时期的华人开的洗衣店是不是最多的"），转向深层的讨论——这种文化的多种形象如何以话语实践的形式在大众文学和其他地方发挥作用。

意大利哲学家安东尼奥·葛兰西曾提出"民族—人民的文学"的概念作为构建民族国家的重要场域，近年来这一概念再次引起文学批评家的关注[2]。葛兰西认为"民族—人民的文学"是某一时空的大众知识所处的相对僵化的阶段，这一阶段与特定的政治、社会环境有关。尽管知识分子与大众媒体对"民族—人民的文学"的产生起着至关重要的作用，其产生却逐渐被视为"自然"发展的结果。葛兰西指出，这种观念已成为社会意识形态的中心，为统治阶级的利益服务。

本文将展示除了大众传媒之外，大众歌曲作为一种远非自足的形式，如何成为传统文化和商业文化之间的纽带，在搭建个人层面和集体层面的国家认同感的过程中又如何发挥重要作用。通过流行歌曲不断映射出来的社会矛盾不一而足。此外，本文还指出，"民族—人民的文学"形象也可由其他国家创造出来，如早期19世纪鸦片战争至今，澳大利亚和英国塑造的中国形象。

1　Beller, Manfred, and Joep Leerssen, eds. Imagology. *The Cultural Construction and Literary Representation of National Characters: A Critical Survey.* Amsterdam: Rodopi. 2007. p. 28.

2　Hall, Stuart. *Critical Dialogues in Cultural Studies.* D. David Morley and Kuan-Hsing Chen. London: Routledge, 1996. p. 437. Storey, John. *Cultural Theory and Popular Culture.* 3rd ed. Beijing: Peking UP, 2004. pp. 103-108.

19世纪70年代绘制的一幅描述华人淘金者开采金矿的图画。

  对中国文化和思想的狂热崇拜席卷了18世纪的英国，而到了19世纪早期，英国歌曲作者对中国的不断关注暗合了当时英国的在华利益，对利益的追求最终爆发了鸦片战争，西方列强继而瓜分中国。然而，当代歌曲却无法表现出这些联系，大多数当代歌曲是水手之歌，偶尔提及与中国相关的内容不过是些无意义的事情，如旅行者带回来的"中国老鼠"，或是引人注目的中国美女[1]。从19世纪开始，没有哪首歌曲能像新西兰民歌"穿越赤道线"那样将中国当作一个逐渐兴起的贸易国家[2]。而在澳大利亚，直到19世纪中期才有歌手把中国写入歌曲中，这类歌曲大多与职业相关，如采金矿工、商船队员和剪羊毛技师，歌词内容将中国人描写成要么是没有自我个性、与世隔绝、墨守成规的搞笑形象，要么是一群为了某些工作（如船员、矿工和农场务工）而相互博弈的无名小卒。歌曲作者花大

---

1 Hugill, Stanley, ed. *Shanties from the Seven Seas*. 1961. Second ed. London: Routledge, 1984.pp.120,353.

2 Colquhoun, Neil. *New Zealand Folksongs. Song of a Young Country*. 2nd ed. Wellington, NZ: AH and AW Reed, 1972. p. 11.

19世纪末中国木工在工作。

部分精力去想象这些中国工人如何努力学讲英语,有着怎样的外貌形象和工作态度。

　　语言是一种重要的身份标识,用外语进行交谈时,人的心理会产生身份标识消失的自由的感觉。但是,中国劳动者创造性地使用英语的方式却引来各种滑稽的模仿,这些模仿忽视了潜在的中文语调和结构,演变成了各大主流剧院和音乐厅上的固有形象。《船上的中国佬小贩》"是这么唱的:

　　　　跛子船,厨子船,呀!呀!呀!
　　　　船员伐稀饭俺
　　　　不晓得云昌罗的事
　　　　只晓得银子哟[1]

1　Hugill, Stanley, ed. *Shanties from the Seven Seas*. 1961. Second ed. London: Routledge, 1984. p.340.

《船上的中国佬小贩》是一首水手之歌。从中国海到澳大利亚海岸,水手们一边工作一边唱起这首歌。它恰恰显示出外国人是如何不理解甚至贬低了中国方言的差异性和丰富性。可以看出,克里奥耳化的英语(不纯正的、夹杂混合的语言。——译者注)不仅没有成为有效的交流工具,反而成了野蛮和边缘化的标志。因此,在澳大利亚,中国话的特点是通过"中式英语"表现出来的,如:"no likee"(不稀饭,表示不喜欢。——译者注)以及"no savvy"(不晓得,表示不知道。——译者注)。而臆想出来的标签就成了判断一个人会不会是中国人的标准:澳大利亚的一首丛林诗歌描绘了凯利帮(澳大利亚著名反叛者团体,活跃于1878年至1879年)的事迹,其中一个中国厨子在受威胁时只会说"no savvy"(不晓得)。这类"中式英语"就类似于带着爱尔兰和威尔士方言特点的英语。爱尔兰和威尔士英语从莎士比亚时代起就十分常见,一般称为"爱尔兰艺术"(stage Irish)或"威尔士艺术"(stage Welsh)。"爱尔兰艺术"是一种特别的语言形式,充满了诸如"begorrah"(天呐)和"top o' the mornin' to you, Brendan"(早上好,先生)等此类带有爱尔兰方言特点的英语表达。然而这些表达并不会在实际演讲中使用,只是用来表现19世纪中期人们讲笑话的语言特点和剧院演员主要使用的语言表达方式,以此呈现出当时人们的真实生活。

当人们对某类人存有臆断的观念时,能够描绘并证实这些观念的形象则成了这类人在人们心中的形象。华人早已成为在悉尼(澳大利亚最大城市)生活时间最长的种族群体。自从华人代表了不断发展的少数群体,其语言和外貌特点开始不断地、反复地被各类歌曲所提及。这些歌曲内容都涉及个人描写:如,前文提到的《移民城中国佬》唱道:爱尔兰人最好"低垂着眉毛,裸露着皮肤",这样就成了跟他一样的"中国人"[1]。而《船上的中国佬小贩》唱道:中国姑娘"有着南瓜子般的眼睛,穿着2英寸(约5厘米)的拖鞋"。《移民城中国佬》还描写了

---

[1] Fahey, Warren. Australia's on the Wallaby. Songs of Pomp and Circumstance. CD 180, booklet. [n.p.] Bodgie productions, 2009. Give me a hut in my own Native Land: Colonial Settlers. CD 171, booklet. [n.p.] Bodgie productions, 2009. p.19.

传统中国人的特点，如使用筷子、留发辫、穿布袋裤以及肩上挂着篮子[1]。这种忽视个体间的差异、给某个群体套上一个固定形象的做法，可谓是种族歧视。里尔森说道：

"当今的种种国家形象都是通过其脱胎的文化语境发声的；但这种语境是源于话语实践的，既不代表潜在的集体声音，更不代表一个"国家"的、大众的声音。把包含多重声音的文学传统就这么单纯地解读为一"国"的产物，无疑会令本质论乘虚而入。"[2]

大多数欧洲人喜欢取诸如"Taylor"（另有"裁缝"之意。——译者注，下同），"Shepherd"（另有"牧羊人"之意），"Schmidt"（另有"铸匠"之意）和"Cordonnier"（另有"鞋匠"之意）等此类的别名，这说明职业即代表了身份。在19世纪，激烈的求职竞争导致了频繁的人际冲突，最后往往会演变成族群间的角逐。19世纪50年代的淘金热吸引了约四万人定居于澳大利亚东南部的维多利亚州，而19世纪70年代在澳大利亚昆士兰北部发现金矿则吸引了成千上万的淘金者。淘金者因为能够在一堆堆废石中筛选出少量黄金而获得赞誉，但是，由于黄金的稀少和淘金者的人数众多，能通过淘金发财的人少之又少，随之产生了嫉妒，爆发了种族冲突。

中国人淘得许多黄金，激起了欧洲人的不满。一开始，欧洲人在小事上抱怨，拿捏着反反复复的说辞：中国人搅浑了水坑，中国人在安息日工作（安息日为西方宗教节日，教徒在这一天停止工作。——译者注），中国人都是小偷，中国人不卫生，以及中国人拿低工资会贬低劳动价值等。显然，这些说辞完全没有根据。而独特的外貌、语言和穿着却让中国人成了他人一致仇外的目标，充斥着敌意的不满演变成了众人的憎恨。

但是来淘金的中国人并不完全依靠其他勘探员的艰苦收获来维持生活，他们

---

1 Fahey, Warren. Australia's on the Wallaby. Songs of Pomp and Circumstance. CD 180, booklet. [n.p.] Bodgie productions, 2009. Give me a hut in my own Native Land: Colonial Settlers. CD 171, booklet. [n.p.] Bodgie productions, 2009. p.19.

2 Beller, Manfred, and Joep Leerssen, eds. Imagology. *The Cultural Construction and Literary Representation of National Characters: a Critical Survey.* Amsterdam: Rodopi. 2007. p.27.

不仅发现了新的黄金矿层，还开店、种菜，改善了采矿镇的生活环境。到19世纪50年代末，澳大利亚的悉尼、墨尔本和达尔文市都已经有了唐人街。而华人移民与其他种族群体的冲突却不断升温，1861年爆发了蓝明富兰特排华暴乱。

1860年澳洲成立矿工保护协会，随后举行欧洲白种人会议，驱逐华人矿工。华人矿工通常以团体形式工作，组织有序且人数众多，容易找到土壤表层的黄金。华人矿工一起吃住、节俭度日，能以更低的收益维持生存。大多数华人挖矿者是农民出身，能很好地适应冲积矿床的环境；他们习惯于长时间的户外工作、简陋的住宿条件以及勉强果腹的食物，即使他们得到的黄金回报收益比大多数欧洲人的要少，他们也能感到满足[1]。爆发的冲突影响了在澳工作的华人移民。形象表现与社会现实之间虚拟的关系，在这样激烈的冲突对抗中显得尤为棘手。然而，冲突时期过后，很少有歌曲或诗歌是指责中国人的；甚至，资深的歌曲收藏者休·安德森将那段冲突时期的歌曲所包含的反华思想归咎在一名流行诗人查尔斯·撒切尔身上[2]。

剪羊毛技师是频繁发生劳资纠纷的少数职业之一。到了19世纪80年代，劳动力的组织性越来越强，手握重权的工会领导者只支持欧洲白种人，而歌曲作者都站在相似的立场：19世纪末澳大利亚最著名的流行歌曲作者班尼欧·彼德森写了一首《卡斯尔雷之旅》，其言辞悲切，描绘了一群19世纪80年代的中国华人在遭到了工会的驱逐之后继续不断地工作且不参与工会罢工[3]。同时期的另一首歌曲《移民城中国佬》唱道：爱尔兰人要改变自己的习性，换做一副中国人的做派，才能受雇主信任。《移民城中国佬》以爱尔兰人的视角将华人描绘成滑稽的形象，其语言诙谐，展示了当时人们对于中国食物和语言而非中国人外貌的固有印象：

  我要用筷子吃饭，
  我要学这种方言

---

1 参见http://en.wikipedia.org/wiki/Lambing_Flat_riots. Accessed 25.8.2013。
2 参见笔者与安德森的交流，2013年8月18日。
3 Bromley, David ed. *Bush Ballads of Australia*. Frenchs Forest: Currawong Press. 1989.p.175.

> 还要吃不喜欢的东西
> 做一个中国式的爱尔兰人[1]

讽刺的是，虽然爱尔兰人已逐步形成所谓的"自我形象"，即地地道道的澳大利亚人形象，但是他们又开始担心自己会变得不伦不类，成了找不到工作的外来人。有些歌曲的嘲讽意味更浓，同时期的佚名歌曲《工会男孩》中的主人公威胁着要把不参加工会罢工的华工狠狠地修理一顿，挖眼珠、扔进干草收割机、生生剥皮或是直接做成中国菜。

激烈的工作竞争导致了自19世纪80年代起，澳大利亚东部沿海城市如维多利亚、新南威尔士和昆士兰采取越来越严苛的条款来限制华人雇佣和定居权利，如：1895年将华人驱逐出昆士兰的北部地区。在1901年澳大利亚联邦政府正式成立后，所谓的"白澳政策"（澳大利亚联邦反亚洲移民的种族主义政策的通称。——译者注）将这些反华行动推向高潮。尽管华工被喻为"完美的工人"，为澳大利亚和新西兰的建设作出了贡献，但他们仍然不受待见。就像那首《水手之歌》直白地唱的：

> 船员不稀饭我[2]

从当时的歌曲可以看出，这些激烈的冲突在主流纸质媒体（报纸，歌谣集等）和随后产生的电影及社会媒体中都没有提及，只能以单一大众化的形象间接地表现出来，而这些形象带着乡土特色，已不多见。巴兹·鲁尔曼导演的电影《澳洲乱世情》（2008）围绕"二战"前期在澳大利亚北部放牛的女牧场主展开故事，生动地阐述了澳大利亚19世纪与当代现实之间的联系。女主人公身边伴随着几名佣人，其中一名是中国厨子，叫宋星（音译）。宋星虽然沉默少言，却在面对苦难时精神满满；虽然在电影中一直出现，却始终只是个模糊的角色。他操

1　Fahey, Warren. *Australia's on the Wallaby. Songs of Pomp and Circumstance*. CD 180, booklet. [n.p.] Bodgie productions, 2009. *Give me a hut in my own Native Land: Colonial Settlers*. CD 171, booklet. [n.p.] Bodgie productions, 2009. p.19.

2　Hugill, Stanley, ed. *Shanties from the Seven Seas*. 1961. Second ed. London: Routledge, 1984. p.340.

着一口别人听不懂的口音，干着低贱的工作，对自己的雇主永不背弃。从他身上看到了澳洲人眼中许多典型的华人形象。这部电影忠实地再现了部分历史：从很早以前开始，在澳华人不再四处淘金，而是为当地居民提供服务，如照看店铺、替人洗衣服、看管果菜园，或者像宋星一样当个厨子。

早有歌曲提到，给生活在澳洲偏远地区的人（可能是罪犯，或各种各样的人）做饭是一件重要的事。那时有个中国厨子为"凯利帮"做饭，几乎是同一时期，一首哀悼歌就开始广为流传起来，嘲笑中国厨子做的不正宗的欧洲食物：

> 那个斗鸡眼的中国厨子，
> 喂我们吃腌制的牛肉；
> 他使我们的灵魂堕落
> 他没有把面包烤热
> 上面的油污灰尘能毒死一条蛇。
> ……
> 那个厨子发脾气了
> 我永远
> 不再收割甘蔗
> 在那昆士兰河的岸上"
> （《收甘蔗人的哀歌》）[1]。

《剪羊毛技师的困苦》这首歌提到，有一个面包师傅能很好地烤制出他自己家乡的面包，却想不出新的花样来满足苏格兰和爱尔兰工人的胃口[2]。这首曲子里的歌词内容，如：没怎么烤热的面包以及半生不熟的米饭，都是引用了其他歌曲的歌词，比如《收甘蔗人的哀歌》。

---

[1] Fahey, Warren. Australia's on the Wallaby. Songs of Pomp and Circumstance. CD 180, booklet. [n.p.] Bodgie productions, 2009. Give me a hut in my own Native Land: Colonial Settlers. CD 171, booklet. [n.p.] Bodgie productions, 2009. p.19.

[2] Fahey, Warren. Australia's on the Wallaby. Songs of Pomp and Circumstance. CD 180, booklet. [n.p.] Bodgie productions, 2009. Solidarity Forever. Australian Songs of Struggle and Strife. CD 179, booklet. [n.p.] Bodgie productions, 2009.

在电影《澳洲乱世情》中，中国厨子一直为工人们服务，直到"二战"之后开始服务于新兴的城市中产阶级、地主和在乡村工作的团体。用新葛兰西式的语言来说，对中国人的外貌特点、中国语言的特殊习惯以及中国特有职业等方面的描述，并非体现了欧洲人对多元文化的身份认同，恰恰相反的是，这体现了欧洲人将中国和中国人随意肢解成了零散部件，正如1840年鸦片战争后欧洲列强将中国瓜分成附属物一样。

本文提到的澳洲人眼中的中国形象大多是来自流传已久的歌谣，也有一些是来自报纸上的歌词或是17世纪的单面大活页歌谣。大体来说，若按芬兰民俗学研究者劳里·霍克的区分方法，从不同歌曲有着不同的中国形象，即可看出家庭小众歌曲不同于市场大众歌曲[1]。家庭小众歌曲，即以几乎完全相同的方式演奏多次的同一首歌曲，受听众的控制却不受其他临时特殊的环境状况影响[2]。如何将霍克的区分方法运用到现实中呢？如果把"家庭小众歌曲"中的"家庭"换作"相似"，那么学校操场或是办公地点都能达到产生这类歌曲的大部分标准：一届学生很快就毕业了，但是校歌不断被重唱；在很大程度上，经过学校传统熏陶的老一届的学生则起到了监管控制的作用。那些与贝尔法斯特亚麻布纺织厂车间一样的工作地点诞生了许多不一样的歌曲[3]。该区分方法也适用于本文讨论的澳大利亚歌曲，这些歌曲通常由著名的歌曲作家所作，却在人们传唱的过程中发生很大的改变。

19世纪40年代的英国歌曲所记载的早期中国人形象与18世纪英国歌曲里狡猾、颓废、刻板的中国人形象有很大不同[4]。1856年的一首音乐厅的幽默歌曲《登上"袋鼠"船》讲述了一名水手被一名洗衣娘抛弃的故事。在这首歌中，"中国"出现在一大堆从远方带回来的异域产品中：

1　Honko, Lauri. *Textualising the Siri Epic. FFC 264*. Helsinki: Suomalainen Tiedeakatemia. 1998. p.59.

2　Honko, Lauri. *Textualising the Siri Epic. FFC 264*. Helsinki: Suomalainen Tiedeakatemia. 1998. p.59.

3　Messenger, Betty. *Picking up the Linen Threads. Life in Ulster's Mills. 1978*. Belfast: Blackstaff Press, 1988.

4　Schweiger, Irmy. "China." In Manfred Beller and Joep Leerssen, eds., *Imagology. The cultural construction and Literary Representation of National Characters: a Critical Survey*. Amsterdam: Rodopi, 2007. p.128.

我带回来了特内里费的乌龟、廷巴克图的绳子、
一只中国老鼠、一只孟加拉猫和一只孟买鹦鹉[1]

里尔森用"意象"一词来描述那些暗含既复杂又相反的特质的形象，如"中国老鼠"。举个例子，在歌曲提及中国的时候，使用"火热"这个词，不仅可以描述现实中的气候炎热，而且说明了中国是偏远的外围文化，还能在不知不觉中透露中国原材料的信息。亚历山大·罗伯改编的歌曲《海兰郡的海滨》（由加文·格雷格收录于1906年）提到了那里的"火热"：

前往中国是我的渴望，
当中国为我所知晓时
我以为这个国家沐浴火焰之中
难以忍受的炎热让人如同身处热带。[2]

这里的"中国"代表那些被当时的欧洲所关注的异域国家。歌曲中反复以这样的方式提到极端炎热的天气，与格陵兰岛极端严寒的天气不断形成对照，凸显了欧洲温带气候的自然产生，以及欧洲人温和、不做作的性格。在18世纪欧洲启蒙运动时期，欧洲作家们用古典时期的"科学"来强调外面世界是天赐的、浩瀚的。启蒙运动还产生了体现欧洲中心论的词汇："印度支那半岛"[3]。而中印文明——这两个发展历史各不相同的古老文明，就这样被合并成一个个体。由此，不难解释另一首产生于同样时间、同样地点的《海兰郡的海滨》为何说的却是印度：

---

1 Hugill, Stanley, ed. *Shanties from the Seven Seas*. 1961. Second ed. London: Routledge, 1984. p.355.
2 Shuldham-Shaw, Patrick, et al. *The Greig-Duncan Folk Song Collection*. Vol. 3. Aberdeen: Aberdeen University Press, 1987. p.334.
3 该词汇由当时研究东亚国家社会文化的苏格兰人约翰·莱顿（John Leyden, 1775—1811）创于1886年，后用来指中印两国之间的区域，包括越南、老挝以及柬埔寨。

> 前往印度是我的渴望，
> 可当它为我所知晓时
> 我以为这个国家沐浴火焰之中
> 如同明灭闪烁于热带之中。[1]

19世纪芬兰民俗研究先驱伊莱亚斯·兰若特说到，间或口耳相传的水平转移（如，同一地区的歌手之间）比传统一代代的垂直转移更能保持内容的完整[2]。将两个如同中国和印度这般差异巨大的文明穿插进彼此的文明中，简直是无知的体现。然而早在一个世纪以前，伦敦文学界就发现了这个特例：理查德·堪布里奇所写的诗歌体小说《行者》（1756）把原本发生在中国的情节改成发生在印度的情节，结果却仍然时不时冒出中国字，而且还保留了少许中国地方特色[3]。

冲淡那些迥然不同的社群之间的差异性，不仅没有表明经验现实或经验事实不属于比较文学形象学范畴，反而成了朱迪斯·威廉姆森所说的"被发言"——一种殖民论述的常见标志[4]。如果不考察这一类文本所出现的社会语境，那么文本即使有所差异，差异也是毫无意义的。同理，在《骑驴》这首歌中加入此类文本无疑是将中国简化为某一类符号：

> 如果你来到广州，
> 男人留着长辫子
> 女孩们则玩起了骑驴游戏
> 呀唬，咱们出发！
> 骑一骑毛驴呀骑毛驴！
> 呀唬，咱们出发！

---

1 Shuldham-Shaw, Patrick, et al. *The Greig-Duncan Folk Song Collection.* Vol. 3. Aberdeen: Aberdeen University Press, 1987. p.335.

2 Honko, Lauri. *Textualising the Siri Epic.* FFC 264. Helsinki: Suomalainen Tiedeakatemia. 1998. p.57.

3 Qian Zhongshu. *A Collection of Qian Zhongshu's English Essays.* Beijing: Foreign Language Teaching and Research Press, 2005. p.207.

4 Williamson, Judith. *Decoding Advertisements.* London: Marion Boyars, 1978. p.40.

骑着头小毛驴！

（该版本参照早期版本）¹

当时中国贸易逐步发展，不断有华人移民前往如伦敦、温哥华和旧金山等地，在这样的背景下歌曲作者作了如上的改动。当欧洲、澳大利亚和美国的城市开设了唐人街，便迅速对当地人口结构造成影响，甚至进入了大众歌曲。

里尔森发现了异质形象中的双重倾向：同样的形象或许既会被理想化，又会被妖魔化，如同爱尔兰歌曲《乔治的码头，还是健忘的水手》：

船驶出海港
前往其他海域
去向智人的国度——中国
在那里人们淹死刚出生的多余的女儿。²

这首歌展示了中国形象的历史发展变化如何反映出"民族—人民的文学"形象的建立过程：18世纪欧洲文明将中国视作对手，却在1840年鸦片战争时将中国当作野蛮人的帝国。

然而，在家庭小众歌曲和大众市场歌曲方面，霍克的区分方法却没能让人明白这些野蛮、老一套的形象是如何建立的。里尔森说道，这些形象的建立是基于当时歌曲所在的社会环境——即当时的思想观念而非直接的社会背景——因为"在认识论经济学上，形象的作用是认知作用而非事实作用"³。葛兰西对权利的"传播"进行了描述：当公民社会建立起复杂的人际关系和各类机构，自治组织（包括所谓的私人身份，如：民族身份和性别身份）发动了"地位之战"，霸权得以生根，权利的"传播"由此开始⁴。葛兰西还将哲学和常识做了区分，认为常

1　Hugill, Stanley, ed. *Shanties from the Seven Seas*. 1961. Second ed. London: Routledge, 1984. p.120.

2　O. Lochlainn, Colm, ed. *More Irish Street Ballads*. 1965. London: Pan Books. 1978. pp.176-177.

3　Hooks, Bell. *Black Looks. Race and Representation*. Boston: South End Press, 1992. p.282.

4　Hall, Stuart. *Critical Dialogues in Cultural Studies*. D. David Morley and Kuan-Hsing Chen. London: Routledge, 1996. p.428.

识是一种已经为人吸收并隐去身形的思想观念——这一区分举世闻名。常识并非是条理清晰的：它通常是"脱节的、插话式的"，"零零散散又相互矛盾"，含有庞大的哲学系统所剩下的沉渣[1]。他认为，常识能够创造出"未来的民俗——即某一时空的大众知识所处的相对停滞的阶段"[2]。葛兰西完全拒绝接受任何预先给定的统一的意识形态——如，无产阶级"正确"的革命思想，或是目前非白种人反种族主义的思想[3]。他承认了自我和身份的多元化——这种自我和身份构建了所谓的思想"主体"。他认为，意识的多面性是一种集体现象，是"自我"与既构建了社会文化又包含了意识形态的话语相互作用的结果[4]。比如，从19世纪开始流传的老一套中国形象。中国被当作一个静态的社会，排除在社会发展历史之外。用塞缪尔·科勒律治（Table Talk; 1.1.1823)的话来说，中国就是"永不进步的国度"[5]。这种观点持续了很长一段时间，直到1938年，一部高水准的英国建筑史将中国、印度和阿拉伯建筑归类于"非历史性风格"之下，用以比较欧洲和美洲蓬勃发展的建筑风格[6]。这种在他国眼中所形成的异质形象（即被视为静态发展的国家，且有一系列固定的特点模式），就如同现代大众文化沿用的战争辞令和旅游记事一样。

葛兰西认为，民歌经常站在霸权的对立面，正如他在《狱中札记》中写到的："民歌之所以能从一个国家的体系和文化中凸显出来，既不是源于艺术抽

---

1 Hall, Stuart. *Critical Dialogues in Cultural Studies.* D. David Morley and Kuan-Hsing Chen. London: Routledge, 1996. p.431.

2 Gramsci, A. *Selections from the Prison Notebooks.* Ed. Quintin Hoare and Geoffrey Nowell Smith. 1971. London: Lawrence and Wishart, 1976. p.326.

3 Porter, Gerald. "India as Narrative: Representations in Ballads and Popular Songs". Nicolae Constantinescu ed., Ballad and Ballad Studies at the Turn of the Century. Proceedings of the 30th International Ballad Conference, Bucharest, Romania, 15-18. 8.1999. Bucharest: Editura Deliana. 2001.191-200; "The Legal Mob. Mythologizing the imperial project in Popular Narratives of the Indian Uprising of 1857." In David Bell and Gerald Porter eds. *Riots in Literature.* Cambridge Scholars Publishing, 2008, 77-92.

4 Hall, Stuart. Critical Dialogues in Cultural Studies. D. David Morley and Kuan-Hsing Chen. London: Routledge, 1996. p.433.

5 Qian Zhongshu. *A Collection of Qian Zhongshu's English Essays.* Beijing: Foreign Language Teaching and Research Press, 2005. p.172.

6 Fletcher, Banister. *A History of Architecture on the Comparative method.* London: Batsford. 1938. p.xi.

象的现实，也没有历史渊源；只因民歌是一个独立的、特殊的、感知生活与世界的方式，恰好与'官方'的社会背道而驰。"[1] 然而，他也认为歌曲文化不会脱离霸权。本文引用过的《海兰郡的海滨》正是这种霸权在歌曲文化中的体现，在歌曲作者的逻辑思维中，其他国家仿佛就是极热或极寒的地方，而欧洲就处于两个极端的中间。而这首歌接下来则以一种资本家的眼光审视中国的富饶：

> 我羡慕又兴奋地看着
> 那闪着银光的河流和珍贵的矿山
> 那富饶的山谷和众多的种植
> 大自然也为它们镀上了一层光芒[2]

大约在1992年，英格兰西约克郡有个儿童拍手游戏叫"我爸爸出海了"。在游戏歌词中，中国成了一个遥远的国度：

> 我爸爸出海了
> 要去看看外面有什么
> 他能看到的只有
> 蔚蓝色的大海
> （该版本参照早期版本）[3]

将中国看作人类居住地的边缘地带，就如两个世纪以前塞缪尔·约翰逊在他的诗歌《人类欲望之虚幻》中写的那样：

---

1 Gramsci, A. *Selections from the Prison Notebooks*. Ed. Quintin Hoare and Geoffrey Nowell Smith. 1971. London: Lawrence and Wishart, 1976. p.220.

2 Shuldham-Shaw, Patrick, et al. *The Greig-Duncan Folk Song Collection*. Vol. 3. Aberdeen: Aberdeen University Press, 1987. p.334.

3 Curtis, Mavis. "A Sailor went to sea. Theme and Variations". *Folk Music Journal*. Vol. 8, no. 4, 2004. pp.421–437.

开拓眼界到更远的地方看看

眺望从中国到秘鲁的人[1]

随着英国从中国进口的茶叶量不断增多，对英国各阶层来说，茶已不再是每天奢侈的饮料。当时的爱尔兰有一首与英国政治利益相关的歌曲唱道：

祝那些中国佬好运

他们从彼岸给我们带来

这么高雅的茶

(《一杯茶》)[2]

许多叙事类歌曲都附带地提到了茶叶交易这桩大生意，吸引了大批投资者驻扎中国沿海地区。到了将近鸦片战争时期，澳大利亚歌曲也越来越多地提到了中国的产品。《中国佬》这首歌幽默地描绘了一个爱尔兰人如何继承他叔叔在香港留下的茶园，最后"入乡随俗"的故事。这名爱尔兰人一开始看中了当地的利益，之后便是对中国刻板印象的长篇叙述：

按照律师跟俺说的，俺的黄金能塞满一马车，

俺已经有十八个老婆，都在等着俺……

俺要修一个小时的眉毛才能航行，

还要带上长长的辫子，跟鲁尼家的驴的尾巴一样。

俺要是学会了他们的生活方式就能成为一个标准的中国佬，

假如他们不用一坨坨茶叶打爆我的头的话。[3]

将中国独特的妻妾文化归于那些一夫多妻制的野蛮人常见的固有形象，真是

1　Johnson, Samuel. *The Complete English Poems*. Ed. J. D. Fleeman. Harmondsworth: Penguin. 1971. p.83.

2　Henry, Sam, ed. *Sam Henry's Songs of the People*. Ed. Gale Huntington and Lani Herrmann. Athens, GA: University of Georgia Press, 1990. p.48.

3　O Lochlainn, Colm, ed. *More Irish Street Ballads*. 1965. London: Pan Books. 1978. pp.92-93.

荒唐可笑。英国水手之歌《登上"袋鼠"船》让人们想起歌曲中的主人公以"支那野蛮人"来安慰失恋的自己[1]。加文·格雷格指出，安德鲁·芬德利翻唱了同一首歌曲《中国式的印度女孩》[2]，亚历山大·罗伯翻唱了一首《黑皮肤的中国人》[3]。这样混杂的歌曲名是人们在臆想中国形象时反复出现的特点。更重要的是，这些歌曲把重点由中国这个历史古国转向中国人——这一常见的却被脸谱化的群体。

中国珠茶由蜷缩的一团到泡开时舒展，就像火药爆炸了一样，人们以此作为开玩笑的乐子，而这背后却暗示着引发武力冲突的严重的贸易不平衡。19世纪初期，英国的中国茶叶进口量是其布料和纺织品出口量的三到七倍，这导致英国强行对中国出口鸦片以期填补赤字[4]——由此，1840年鸦片战争开始，而威廉·艾瓦特·格拉斯顿——后来维多利亚时代的杰出首相，在鸦片战争时曾说过"战争若没有正义，则变成处心积虑使他国蒙羞的战争，就我看来，现在以及过去都没有出现过这样的战争"[5]。现代的一位中国历史学家将鸦片战争说成"近代中国人民自发的反侵略斗争的开端"[6]。正如白勒尔和里尔森所强调的，当大众文化中的异质形象成为构建自我形象的重要场域时，人们便趋向于为现代爱尔兰歌曲（例如《中国佬》，这首歌由一名都柏林印刷工于20世纪早期所作，却没人知道是怎么唱的）找个具有讽刺意味的说法[7]。

重要的是，在提及鸦片战争的歌曲中有三分之二是爱尔兰和苏格兰歌曲：在爱尔兰经历大饥荒之后，参军的爱尔兰人占英国军人的三分之一[8]；而中国人常称

1　Hugill, Stanley, ed. *Shanties from the Seven Seas.* 1961. Second ed. London: Routledge, 1984. p.353.

2　Shuldham-Shaw, Patrick, et al. *The Greig-Duncan Folk Song Collection.* Vol. 6. Edinburgh: Mercat Press (for the University of Aberdeen), 1995. p.365.

3　Shuldham-Shaw, Patrick, et al. *The Greig-Duncan Folk Song Collection.* Vol. 3. Edinburgh: Mercat Press (for the University of Aberdeen), 1987. p.334.

4　Roberts, J. A. G. *A Complete History of China.* Stroud: Sutton Publishing, 2003. p.247. Bai Shouyi. An Outline History of China. Revised ed. Beijing: Foreign Languages Press. 2002. p.381.

5　Roberts, J. A. G. *A Complete History of China.* Stroud: Sutton Publishing, 2003. p.252.

6　Bai Shouyi. *An Outline History of China.* Revised ed. Beijing: Foreign Languages Press. 2002. p.391.

7　O Lochlainn, Colm, ed. *More Irish Street Ballads.* 1965. London: Pan Books. 1978. p.210.

8　Palmer, Roy. *The Sound of History.* Oxford: Oxford UP, 1988. p.286.

呼英国人为"红头发"——因为英国军队里有凯尔特人，而凯尔特人的头发通常是红色的[1]。随着克里米亚战争的爆发，苏格兰人和爱尔兰人被写入英国民族主义故事中。因此，加文·格雷格和罗伯特·邓肯发现克里米亚战争时期的歌曲有一部分是苏格兰歌手唱的。他们两人收集了四个不同版本的流行歌曲《苏珊的战争历险》——讲述一个女孩跟着她的爱人前往中国，却负了伤的故事：

她看着中国的城墙，未来一片渺茫[2]

另一首讲述女扮男装故事的歌曲"快乐的流浪水手"[3]在爱尔兰十分受欢迎：一位船主的女儿决心"逃离对华战争"，去寻找她的爱人[4]。这些歌曲的故事细节十分生动，尽管故事情节与中国花木兰十分相似，"对华战争"却仅仅代表整个英美叙述故事的异国背景而已。

本文的中心思想是，前文提到的歌曲所表现出来的异质形象主导着自我形象。贝尔·胡克斯认为固有成见"是一种幻想，一种使他国看起来不具有威胁性的影射，而距离产生成见"[5]。澳大利亚和英国对于中国人的形象大抵如前文所言，尽管中国人以个体的身份在白人身边工作，白人仍不能放下心中的固有形象去发现中国人真实的面貌，也没有人对固有形象的真实性提出质疑。当歌曲形成中国的异质形象时，也形成了澳大利亚和英美文化的自我形象。

歌手、歌曲作者和移民等见证了自我形象和异质形象的碰撞，碰撞的结果通过语言形式成为了社会的主要标记。讽刺的是，话语本身就已经是冲突的一面，而澳大利亚人、苏格兰人和爱尔兰人自己在冲突中就是被愚弄和嘲仿的对象。

1　Roberts, J. A. G. *A Complete History of China*. Stroud: Sutton Publishing, 2003. p.294.

2　Shuldham-Shaw, Patrick, and Emily B. Lyle. *The Greig-Duncan Folk Song Collection*. Vol. 1. Aberdeen: Aberdeen University Press, 1981. p.480.

3　Laws, G. Malcolm. *American Balladry from British Broadsides*. Philadelphia: American Folklore Society, 1957. p.94.

4　Henry, Sam, ed. Sam Henry's Songs of the People. Ed. *Gale Huntington and Lani Herrmann*. Athens, GA: University of Georgia Press, 1990. p.293.

5　hooks, bell. Black Looks. *Race and Representation*. Boston: South End Press, 1992. p.170.

爱尔兰歌曲中强行改变的韵律，如前文提到的"Cup o' Tay"（"一杯茶"；"tay"即爱尔兰方言"tea"。——译者注）这首歌中，将Chinese写成Chinaise，将seas写成says，恰好展示了他国与众不同的特色是如何为了实现歌词的琅琅上口而遭到牺牲的：土耳其人曾被誉为有着刻苦勤劳的习惯，这仅仅是因为Turk（土耳其人）与work（工作）的发音相近而已（Porter, 待出版）。当这些歌曲中的"他者"发声时，他们用的并非是自己的母语，而是努力操着一口霸权文化的语言，产生滑稽的、毫无内涵的效果。英国歌曲和爱尔兰歌曲中出现的中国人没有一个是为自己发言的；澳大利亚歌曲中出现的中国人只说某种形式的英语，并不说中文。因此，当叙述者开口时，真正的中国人却愈行愈远。他们不仅没有自己的发言权，反而"被发言"了；在这种类似口技的"被发言"（而非"主动发言"）中，意识形态汹涌如潮。

(上海海洋大学陈橙、覃棋、王蕾译)

"Me no savvy". The national-popular as a site for the construction of Chinese identity by singers, songwriters and settlers in Australia and Britain

Gerald Porter

Abstract: Cultural critics have returned in recent years to the Italian philosopher Antonio Gramsci's concept of the "national-popular" as constituting a crucial site for the construction of a sense of the nation. Gramsci regarded it as a relatively rigid phase of popular knowledge at a given place and time, linked with specific political and social conditions. While both intellectuals and the media play a key role in its creation, it gradually comes to be regarded as the 'natural' one. This, he asserted, was at the heart of ideology, a constructed model of society that serves the interests of the dominant. In recent years, Joep Leerssen has extended this to representations of national character. In their methodology, Beller and Leerssen (2007) also distinguish between "testable report statements" such as "France is a republic" and "imaginated discourse" such as "the French are freedom-loving individuals", and suggest that the latter should be the focus of imagology studies. The imagologist works with texts as material, attempting to establish the intertext of a given trope rather than the referentiality of that trope to empirical reality. While it is obvious that current attributes concerning a given nation are textual tropes rather than sociological or anthropological data, the less obvious implication is equally true: the cultural context in which these images are articulated and from which they originate is that of a discursive praxis, not an underlying collective [opinion], let alone a "national" public opinion. To see a literary tradition (which in any case is never monolithic) as if it was generated by a constituent "nation" would be to let essentialism in through the back door. In this study I examine national and ethnic representations of China in nineteenth century song culture in Australia and Britain, an aspect of the field of oral literature (*orature*). I make a distinction between *auto-* or *self-images*, which characterize one's own identity, and *hetero-images*, which characterize the other. This paper is concerned with the former, self-images of Australians, English, Irish, Scots and Welsh only insofar as they are implied by representations of the hetero-images of China and the Chinese. This paper relates constructions of "Chineseness" in popular songs to a nexus of both traditional and popular-commercial culture and shows how they played a strong role in articulating and constructing such national identities on both the individual and the collective level. They are important arenas for presenting and resolving aspects of social conflict. Attention to the personal appearance, speech mannerisms and characteristic spheres of work were not a recognition of the plurality of identities characteristic of Europeans but, on the contrary, a reduction of China and the Chinese to a series of disjunctive objects as an accompaniment to the dismemberment of China itself between the European powers that began with the Opium Wars of 1840-1.

Key Words: "National-popular"; Auto-or Self-images; Hetero-images

日本战后派作家武田泰淳的"中国体验"

黑古一夫*

摘　要：日本战后派代表作家武田泰淳自高中时代起开始参加左翼革命运动，直至就读东京大学，其间曾数次被逮捕、拘留，尤其是在中日战争时期，他被征召入伍派到侵华日军武汉战场。自此他亲自踏上了中国土地，与生活在战争中的中国民众接触，目睹了中国百姓的现实生活，此前的"想象的中国"与当下"现实的中国"构成了强烈的反差。退役后他创作的"转向文学"第一部《司马迁》正是其中国体验的集大成之作，确立了武田泰淳以事实为基础，从中国文学中汲取批判精神的风格，这成为武田泰淳文学不可或缺的要素。自万叶时代以来经松尾芭蕉直至志贺直哉，日本文艺完全是"信仰"的结果，武田泰淳将中国文艺的批判精神与日本文艺的信仰结合起来，以此向世界展现独特的东洋美学。

关键词：左翼（学生）运动　转向　中国文学　《司马迁》　批判精神　战后派作家

---

* 黑古一夫（1945—），日本筑波大学名誉教授。专攻日本近代文学史、近代思想史，现担任日本部落解放文学奖评委。至今出版专著近30本，主编丛书十余种，撰写有数量众多的学术论文。代表作有《大江健三郎论——森林的思想和生存的原理》、《村上春树与同时代文学》等，是日本当今极具影响力的文艺评论家。联系方式：日本国・群马县前桥市粕川町女渕577—34〒番号371-3214，电子邮箱：kurokokazuo@hotmail.co.jp。

一、武田泰淳的"左翼体验"——革命运动经验

《增补 武田泰淳全集》(全18卷,别3卷,1978—1980年,筑摩书房)的第三别卷《增补 武田泰淳研究》中收录了一篇记载武田泰淳略传的文章——《倾听作家武田泰淳》(『作家に聴く・武田泰淳』),其中武田泰淳关于自己的左翼政治运动体验自述如下:

作家武田泰淳

那时正是左翼运动兴盛时期,我在浦和高中(旧制浦和高中——引者注)时代就已经加入了A(反帝小组)组织。浦和市有男女两个师范学校,一到纪元节等节庆日我们就会来这里撒传单。此后,升入大学那一年(昭和六年)的五月末,我和要好的两个同学一起去中央邮局撒传单,结果有两个人被捕,我就是其中之一。那时的我是一个革命运动的"清教徒",因此对于吃都是十分节俭的,省下的钱全部用于革命运动上,所以身体极度虚弱。走路踉踉跄跄,就算逃也会马上被逮到。我被带到丸之内警署,转而又被带到富士警署,被拘留三十多天。不久被释放,根据那时的经验,我清楚地知道自己绝不是那种能成为斗士的人,可是尽管如此也不想放弃。就在此时,父亲告诫说"别再搞什么运动了,不如好好读读书,认真学习去!"我也不知不觉地意识到这个问题,决心大学还是就这样漫无目的地学习吧。

众所周知,武田泰淳身为寺庙住持的儿子(其父大岛泰信是潮泉寺住持,武田泰淳是大岛家的二儿子,后来成为其父的师僧武田芳淳的养子,改姓武田)。在"主义者"即被视为"反体制思想家"这样一个政治高压时代——武田泰淳就读浦和高中那一年的三月,也就是小林多喜二在《一九二八年三月十五日》

（1929年发表）中描写的革命势力受到巨大弹压的那一年——为什么会作为一名"反帝组织"左翼运动的一员开展政治活动呢？对此问题，一直没有明确的解释。据笔者所知，以川西政明的《武田泰淳传》（1950年，讲谈社）为首，例如《全集》第三别卷《武田泰淳研究》中收录的众多《武田泰淳论》、《武田泰淳研究》等文章对此问题并没有明确的、详细的说明。武田泰淳经历过在中央邮局发传单而被捕事件后承认自己终究不能成为革命斗士，既然如此，又为何要参加革命运动呢？对此，他自身也没有详细解释其"内在动机"和"必然性"。

不过，在武田泰淳自传色彩较为强烈的几篇初期短篇小说中多少流露出他认定自己"终将不能成为斗士"的情绪。例如，他以自己从浦和高中毕业后刚升入东京大学后不久参加过的那次学生运动经历为素材创作的作品《冰冷的火焰》（1949年），主人公是一个"对任何事物从不曾表现出热情的人"，他是如何被革命运动/学生运动的同志们所接受的呢？作品对主人公参加学生运动的实际情形作出了如下描述：

> 谁都没有注意到由井加入左翼组织的事情，即便是同班同学也几乎无人知晓。对学生的思想动向相当了解的学生干事最终也没有把由井的事情放在心上。左翼小组的成员们也对由井加入组织感到莫名，总觉得哪里有些别扭，奇怪。

在这种状态下加入左翼运动/学生运动，主人公（由井，即武田泰淳）内心也夹杂了某些"奇妙"的感觉：

> 由井和朴商量提议把一些词语加入传单（纪元节号召为学运募捐的传单——笔者注）中，即"请把各位手中的枪调转方向……因为这对于倡导民众反对军事训练是必要的"，由井和朴这样商量。高个子理科生俯瞰着由井问道："这么说你认为学生们已经具备阶级意识了？"由井马上回答"我认为是这样的。"这仅仅是像条件反射似的回答。在操场上随意训练过后，即使旧式三八步枪仍拿错方向也代表不了什么。这样的现实情况，由井从不曾思考过。只不过是茫然地把那些词句与这场运动人为地联系在一起，从而寻求一些趣味罢了。如果毫无乐趣，由井一定不会加入这个组织。这种乐趣，其意义是极端自我为中心的、立不住脚的，仅仅是一种从后面推动由井行

动的微弱力量。（着重号为笔者所加）

众所周知，以维持绝对主义天皇制为宗旨的治安维持法（1925年制定后经几度改订）控制下的日本，参加反体制运动（革命运动、学生运动）组织，是必须在内心深处做好"死"的精神准备的，无产阶级文学运动实践者小林多喜二被统治者拷问致死的事实说明了这一切。如果没有"必死的信念"是不能参加左翼政治运动的，这是当时的"常识"。主人公由井遭到那个"高个儿理科生"质问，被怀疑学生是否已经具有阶级意识，是否具备一个真正的无产阶级者的自觉，是否真心希望无产阶级者解放。

对于这种质疑，由井当即回答"我认为有"，可是这个回答对于从不曾思考过何谓"阶级意识"（或者说，他在观念上把身为中产阶级知识分子的自己想当然地作为一个无产阶级者），茫然地参加学生运动的大多数学生而言，应该是令人吃惊的。因此，主人公是出于"自我中心"也好、或者出于"无根无据"也好，总之，是因为有趣而加入了学生运动组织，这份"真情"中包含更多的是"不谨慎"。武田泰淳不得不以此种方式阐明自身的左翼革命运动体验的真实含义。

不过，在当时高压下的政治状况中，这种"有趣"的回答的确让人感觉"微妙"。参加学生运动的主人公的"真情"被表述成"有趣"，在上述引文中出现过一次，此外在作品中反复出现的表述还有"我没有热情这个东西"等等，像这样缺乏"必死的信念"、不适合参加学生运动的心情表述比比皆是。"有趣"与"没有热情"是对立而言的两种心情，可是对于武田泰淳而言，这两种对立的心情就像硬币的表里，如实地表现了自己当时的心境。"没有热情"却因"有趣"而参加了革命运动的武田泰淳，其左翼运动经历了三次被捕，因上述引用中提到的在中央邮局散发传单而被捕，此后同年因散发日本共产党刊行的《第二无产者》报纸等事件被捕。此外，还经历了一系列的拘禁、拘留等事件，他因与满洲国皇帝溥仪来日事件有关，被东京目黑警署拘留一个半月左右［日后查明加入东京府立高中"反战小组"的小田切秀雄（倡导战后批评的"近代文学"派代表人物之一）也在此时被拘留］。总之，武田泰淳的左翼运动体验是令人难以理解的。

尽管如此，在《复仇》（1949年）这个讲述哥哥思考并发现"妹妹"的短篇小说中，佐代训导从战时运动前线撤退后（转向）对"反权力"不断进行思考，内容如下：

> 可是我始终放不下，用警察的话说就是"彻底堕落的坏家伙"。我并不是要向权力开战，只是依靠对权力的反感而生。为什么我会如此屈辱地活着？为了复仇？不是。相信革命？也不是。我只是在苟活而已。我想象着在地铁沿线不久就会堆起来的市民尸体，就这样苟活着。（重点号由笔者所加）

这是武田泰淳对自己的政治运动体验的客观总结，换言之，也是他"转向"后的存在方式。而且，从加重点号的引文可以联想到武田泰淳的中国体验的集大成之作《司马迁》（1943年）第一篇"司马迁传"的开头部分：

> 司马迁是忍辱偷生、苟活于世的男人。作为一介士人本不该如此偷生，他明知自己的境况屈辱至极、进退维谷，可依然苟且地活着。听上去就已令人倍感不齿的腐刑、宫刑，甚至改变了他的男性性别，他日日夜夜就这样活在无法排解的、渗入骨髓的屈辱中，并孜孜不倦地写下了《史记》。写《史记》是为了排解内心的屈辱感，可是随着写作过程的深入，屈辱感反而猛增。

正如一直以来众多批评家、研究者所指摘，这段文字正是武田泰淳对自身包括政治运动体验在内的"青春时代"的总结。武田泰淳通过书写受腐刑后成为宦官的司马迁选择忍辱偷生、苟活于世的生活态度来表达自己的立场和选择，他与小林多喜二相反，不会选择舍身成仁的道路，而是像司马迁那样苟活于世。《司马迁》刊行当时赢得了为数不少的读者，这些人通常是在日本战时体制下，像武田泰淳一样心怀悲屈、忍辱负重苟活于世者，或者是曾经参加过左翼运动但最终屈服于权力者，或者是以左翼思想为存在根本却不敢公然主张者，其人数远远超过日本思想史、文学史上所描述的数量。

武田泰淳一生尊敬的无产阶级文学家中野重治在20世纪30年代中期，"转向文学"论争日益激烈的时代背景下，针对其友人贵司山治的文章《关于文学者》

(1934年12月12日至15日在《东京朝日新闻》连载）中就"转向作家是次要存在"的批评言论，撰写了一篇驳论文章《针对〈关于文学者〉一文》（1935年2月发表于《行动》杂志）。其中这样写道：

> 排除了胆怯、懦弱而我们最终开始害怕死别后的小林多喜二再次重生，因此我们必须将杀害他的人和事作为培养作家的必需品。我背叛革命党、背叛人民的信赖这一事实直到将来也不会消失。所以，我或者说我们作为一名作家，新生的道路只有生活和创作，此外别无他路。如果我们能够把自身所倡导的、造成屈辱苟活的社会原因、个人原因等错综复杂的问题用于丰富自己的文学创作，据此通过文学作品表达自我批评，从而汇入日本革命运动中传统的革命批判。这样一来，我们那时"转向"的经验虽然已经成为过去，但它就像脸上那颗不会消失的痣一样，作为人和作家，我们必须在现实生活的道路上前进。

武田泰淳的《司马迁》自然也是对革命运动的脱离、转向，同时也是今后要"深入到中国文学内里"，"继续写下去"的宣言。

二、"中国体验"的意涵

《全集》中《增补武田泰淳研究》（埴谷雄高编）的附录"武田泰淳年谱"，其中记录了昭和三年（1928）16岁武田泰淳对中国文学产生兴趣的始末：

> 中学四年毕业后升入浦和高中文科甲班。上课请人代出席，几乎从不到教室来，几乎每天都钻进图书馆，遍读日译经典汉籍《红楼梦》、鲁迅、胡适等，还曾试作汉诗二十首。对中国文学产生兴味的原因在于，听了亲友的示唆，致力于中国文学学习的学生大都头脑愚笨，只要稍微努力一些就能成为优等生，于是开始发奋读书，结果成了终身的兴趣。

前文引用的《倾听作家武田泰淳》一文中也讲述了与上述年谱几乎相同的武田泰淳学习中国文学的经历，也许武田泰淳的学习动机大概是在于"亲友们的示唆"吧。不过，在此笔者想要指出的是，不能忽视武田泰淳对中国文学的倾心与他参加左翼革命运动几乎是同时发生的,这一问题容后详细阐述。武田泰淳被"中国"、"中国文学"所吸引的理由可以举出很多,例如他发表于《中国文学》杂志上的小说《学生生活》(1941年10月,第77期)中写道:"(中国留学生)他们的生活是令人恐惧的。他们可怕的生活状态说到底就是中国的可怕现实,其深不可测,也不可解,裹胁着他们。"另外,在战后随笔《美与烈》(1947年1月)中,他将以"物哀"、"幽玄"等为特征的日本文学与中国文学加以比较说:

> 中国文学是美与烈的融合。无论是作品还是作者都具有十足的烈性,美的世界也离不开这一要素。柔弱的美因之而加入筋骨,文学并不是物哀的结晶,而是像钟鼎一样无可动摇,或者可以说像金石一样坚不可摧。与其说中国文学流于咏叹、任时间流转、情感变化而渐进发展,不如说中国文学更乐于不忘批判、理性地存在于时空中。也许可以说比起动态的、流动的美感,中国文学更接近于静态的、永恒不变的美感。中国的五言诗、七言诗和厚重的建筑样式与日本和歌、俳句、茶屋比较起来,在感觉上自然可以察觉到,其实这其中更蕴含了两国文化矿脉的不同。关于日本文化的时间性和中国文化的空间性特征,谷川彻三氏曾论及过这一问题,不过我认为有必要从不同的文化烈性表现这一角度再次阐述该问题。

针对武田泰淳上述的中国文学认识,通常评论家、研究者们把武田泰淳看作是比起"想象力"更重视"事实"的作家。但是这里所言及的"事实"其具体内容为何,关于这一点武田自己也没有作出明确的解释,多少让人感觉有些暧昧模糊。不过,《美与烈》这篇随笔起笔于武田在日本遍读中国古今小说的学生时代,与东大入学后结识的竹内好、增田涉等人结成的"中国文学研究"(1934年结社)初期的文学观迥异。也就是说,武田泰淳作为辎重兵于抗日战争开始的那一年(1937年)十月被征召入伍派驻武汉战场,因此他亲眼目睹了与书本/文学中完全不同的中国"现实",后又经历了在上海迎来战败的切身体验,这对于我们思考武田泰淳的中国体验是不可或缺的要素。

换言之,作为士兵亲赴中国大陆之前他所了解的中国"现实",仅仅是他在

"文献（中国文学典籍、史书、同时代的报告等）中得来的"，经过自身亲历"中国土地"、与生活在那里的民众接触，他获得了与此前一直以来依据知识/观念所了解的中国完全不同的中国认识。这一变化突出表现在他1938年从中国战场投寄给"中国文学研究会"的机关刊物《中国文学月报》（第44期）的作品《住民的脸》中。该作开篇便写道："日军无论多么亲和地接近当地百姓，中国人民也不会去靠近。即便是中国人想要接近从头武装到脚的我们，那也一定是早已做好掉脑袋的心理准备了。"在这篇文章中武田泰淳表达了向中国文学/文化"转向"的态度：

>住民的脸看起来显得黝黑而朴素，但是他们的内心却像深潭的水一样不可测。就连孩子好像也隐藏着某种睿智的机锋。我们日军士兵交往的大都是一些怀有私欲的贫困住民。这些人也许都不会入大多数中国研究者、旅行者的法眼吧。可是，构成亚洲性以及东方文化源流之一的中国的正是他们这群人，而不是日本的汉学家，也不是几个发现古籍、操着含混不清的北京话的学者。东亚研究所、东亚文化协会的成立当然是值得庆幸的事，但是如果那些首脑们毫不顾及生活在这片土地上的无数的住民们，而是一味遑论东方文化建设问题，那么在前线拿着住民的锄头修筑道路的工兵、与住民们共吃一锅饭的警备兵一定会嘲笑那些无用的设施。

可以说，这是借着批判古色苍然的"中国文学研究会"而对侵略中国的日本政府、军部的"大东亚共荣圈"构想进行痛烈的批判。"东亚研究所、东亚文化协会的成立当然是值得庆幸的事，但是如果那些首脑们毫不顾及生活在这片土地上的无数的住民们，而是一味遑论东方文化建设问题"，这种言辞也是对不去了解中国民众实际、只是一味研读中国典籍、反复进行观念性讨论的"学会研究者们"的切实批判，同时这也是对不了解中国现实和五千年悠久历史、毫不忌讳地把自己视为"侵略者/权力者"，以"东洋盟主"的身份创建"东亚研究所"、"东亚文化协会"，独自把持"知"的世界的日本文化官僚、政府、军部的痛烈批判。在充分利用治安维持法效力的战时言论统治下，如此痛烈的权力批判竟然可以刊登在《中国文学月报》上，虽说这个刊物是个小规模的杂志，即便是今天看来也是令人吃惊的。那么,武田泰淳这番基于中国现实的中国文学认识是如何根据战场体验讲述自己所受的冲击的?

武田泰淳被解除征召兵役后回到日本,不久根据自身的"转向体验"和以士兵身份目睹过的中国人民的现实生活开始构思《司马迁》。他认为如果真正热爱中国文学/文化,就必须要刻画非观念/知识的中国,而是民众的脸上展现的中国。在这个意义上,《司马迁》的创作完成再一次使他确认以事实为基础的文学创作的重要性,因此他日后的创作中批判精神大幅度增值也是必然的。总之,武田泰淳从中国文学/文化中领会到如下不可或缺的文学精神:

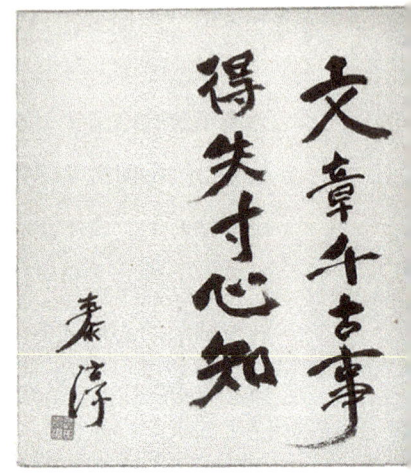

武田泰淳手记

> 中国文艺的批判精神,从我们日本人的角度来看的确是令人吃惊的。批判汉代文化的司马迁、批判独裁者曹操的孔融都很能说明问题。即便赴死也不愿丧失批判精神,这是中国文人的态度和立场。这种态度也蕴含在《水浒传》、《儒林外史》等小说、元曲、俗谣里,即便是山水画中也可见。竹林七贤等清谈派、明末的公安派也认同此种态度。清末的谴责小说虽然在文学史诸家看来文学性较低,但却具有出人意料的影响力,也许这也是源于此种批判精神吧。如果没有这种批判精神,中国文艺的精彩性就会彻底丧失吧。所谓的批判精神并不是简单的口诛笔伐,而是如孔夫子所言,是历经千回百转后"一以贯之"的精神。沉默闲静中脉脉流淌而不尽不止,高迈旷远而不绝不溃,东洋文人毅然决然的品格正在于此,严肃地审视自我,冷静地环顾周围。(引自《致中国作家诸君》1943年10月)

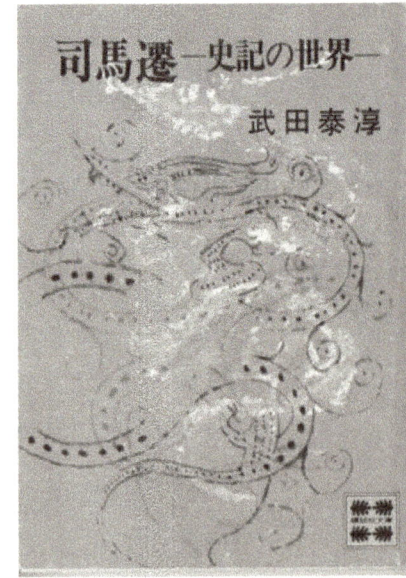

武田泰淳根据自己的"中国体验"创作的名作《司马迁》

此后，武田泰淳写道，日本文艺从《万叶集》时代经松尾芭蕉直至志贺直哉的私小说完全是"信仰行为"的结果，中国文艺的"批判精神"和日本文艺的"信仰行为"融合在一起，"东洋人的悲哀"、"悲愿"和"恸哭"由此就能够向全世界展现。所谓中国文学的"批判精神"和日本文艺的"信仰行为"融和云云显然是出于担心遭受弹压、审查和禁售，这正如前文小田切秀雄所说的"奴隶的语言"。但是，身为中国文学研究者的武田泰淳由此开始创作小说，并从中国文学中领会到"批判精神"，这是在思考武田泰淳文学时不可或缺的要素。

单行本《才子佳人》（1947年发表）的"后记"中写道："昭和十九年写了前半部分，昭和二十一年回国后再次执笔。"这部作品写于1946年，是武田泰淳作为战后派作家登上文坛的代表作。此外，包括取材于"中国"的初期小说在内，关于他的中国体验的几乎所有随笔、评论都收录于《扬子江畔》（1967年6月刊行于芳贺书店）、《黄河入海流》（1970年8月刊行于劲草书房）。笔者在此也顺带列下《才子佳人》之前的创作：

1. 《庐州风景》（1942年创作，1946年改订）
2. 《E女子的柳》（1941年1月刊行于《中国文学》）
3. 《去会的路》（同上，同年8月）
4. 《学生生活》（同上，同年10月）
5. 《玉传》（同上，1942年2月）
6. 《闪烁》（同上，1943年3月）

可以说这些作品大部分仍不出"习作"水准，但尽管如此，这些短篇毫无疑问会让人预感到"战后派作家武田泰淳"的诞生。

(上海海洋大学齐珮译)

The Chinese Experience of the Japanese Postwar Writer Taijun Takeda

Kuroko Kazuo

Abstract: Takeda Taijun, Japanese representative writer of the post-war group, had been in the Left-Wing revolution during a period of time, from senior high school to the University of Tokyo, when he was arrested and detained several times. Later in the war of aggression against China, he was enlisted and assigned to the battlefield of Wuhan, since when he set his foot in China and witnessed those Chinese who were living in the turmoil, which brought in a sharp contrast between his earlier "Imagined China" and the then "Real China". After retiring from the army, he created his first literary work "Sima Qian", a great collection of his experience of China as the debut of his "turning to literature", which marked his feature of drawing critical spirit, on the basis of facts, from Chinese literature—a feature that is an indispensable component of the literature of Takeda Taijun. Since the art of Japanese literature, from Japanese Manyoshu to Matsuo Bash and Naoya Shiga, has been the fruit of "beliefs", Takeda Taijun, combining the critical spirit of the Chinese literature and the beliefs of the Japanese literature, shows the world the unique Japanese aesthetics.

Keywords: The Left-Wing (student) Revolution; Turning Point; Chinese Literature; Sima Qian; Critical Spirit; Postwar Writer

责任与形象：中国国际责任内外因素的和谐建构*

李守石**

摘　要：中国能否在国际社会承担应有的国际责任是维护国家形象的重要因素之一。中国国际责任的建构是内生因素和外生因素综合作用的结果。本文借鉴弗里德曼心理学比较的动态坐标系统，结合中国国际责任建构的三个时期，具体阐述内外因素如何才能形成一种良性的动态互动过程。事实表明，只有当外生期待和中国自身能力相匹配时，中国国际责任才能进入相互配合、互相促进、内外互动、协调发展的积极互动状态。国际责任问题的和谐建构是对中国国家形象和软实力的再提升。

关键词：中国国际责任　中国形象　内外因素　和谐互动

作为世界大国，中国的国际形象面临诸多挑战。从国际关系的视角来说，中国国际责任问题是展现中国国家形象的重要因素之一。然而，自从中国崛起已经成为一个不争的事实以来，中国是否在国际社会尽负责任大国的国际责任问题就不绝于耳。毋庸置疑，中国正处在和平崛起的过程中，并且已经深深地融入国际体系，作为发展中大国和新兴经济体，中国一定会在国际社会承担力所能及的国际责任。正如党的十八大报告中所再次强调的："中国将坚持把中国人民利益同

---

*　基金项目：上海市国家形象与城市文化创新战略研究基地研究项目（B3650W）。
**　李守石（1980—），上海交通大学人文艺术研究院全球民意研究中心博士后，中国人民大学博士。从事国际关系理论与实践、国际传播和国家形象研究。联系方式：上海市徐汇区上海交通大学人文艺术研究院（邮编：201306），电子邮箱：belgium5166@163.com。

2011年1月17日,美国纽约时报广场的电子显示屏正在播出《中国国家形象片——人物篇》,中国各领域杰出代表和普通百姓在片中逐一亮相,让美国观众了解一个更直观更立体的中国国家新形象。

各国人民共同利益结合起来,以更加积极的姿态参与国际事务,发挥负责任大国的作用,推动国际秩序和国际体系朝着公正合理的方向发展"[1]。无论在改革开放前还是改革开放后,中国政府都以不同的形式承担着应尽的国际责任。总的来说,中国国际责任的发展历程是内生因素和外生因素综合作用和建构的结果。所谓内生因素,主要是指中国自身承担国际责任的意愿和义务;外生因素则是来自国际社会的希望和要求,是与国际环境、国际体系、国际格局的特点以及众多国家的反应结合在一起的。内生因素和外生因素的互动过程是推动中国国际责任观念发展的源动力。经过较多轮次的内在和外生因素的相互作用,中国国际责任的意识和观念以及中国实际承担的国际责任变得从低到高、由窄到宽、从小到大。那么,内生因素和外生因素是如何互动的,它们之间是否存在某种牵制或影响,中国国际责任又如何实现内外因素的动态平衡互动,本文试图从心理学的角度形

---

1 《十八大报告》,人民出版社,2012年,第375页。

象贴切地阐释中国国际责任内生因素与外生因素的动态互动过程，实现中国国际责任和谐建构的发展路径。

一、源于心理学的动态比较标准

美国哈佛经济学教授本杰明·M. 弗里德曼在其《经济增长的道德意义》这本书中曾专门讨论过"收入攀升、个人取向与社会变化的政治学"问题。经济增长意味着收入上升和生活水准的改善。那么，上升的收入又如何形成那些赚取这些收入的人们以及他们家庭的视点和取向，以及这种对足够多的个人态度的影响会如何带动一个国家的政治体制和社会动力的变化。在研究这些问题时，弗里德曼首先阐明我们所说的人们的境况好坏或者收入多少其实都是相对而言的。每个人都希望拥有更多的收入，以拥有更高的生活水准、更健康的身体以及更加安全的感觉，但是我们对组成这些方面的"更"的感觉却基本上是相对的。[1] 不论在任何时候，当被问起觉得自己生活得如何的时候，他们的反应几乎都是将自己的生活与某种参考点相比较。不仅如此，大多数人认为他们拥有的或者他们生活的情况是否形成"更多"或"更少"，取决于他们的境况与两种不同的标准相比较的结果：即他们自己（或他们家庭）过去的经历，以及他们如何看待他们周围人的生活。[2] 心理学研究不断证明：人们的满足不是取决于他们的收入水平，而是收入如何变化。[3] 显然，没有什么能够使大多数人都能比任何其他人感觉更好，但是，大多数人都比他们过去过得更好是可能的，而这正是经济增长的含义。除了与自身过去的经历相比较之外，人们对比其生活水准的另一个明显的标尺是其周围人的生活。正像超越自己的以往经历一样，超越别人的欲望会产生一种经济动力，不管生活水准多高，它都会持续下去。[4] 弗里德曼正是通过分析人们如何

---

1 [美]本杰明·M. 弗里德曼：《经济增长的道德意义》，李天有译，中国人民大学出版社，2008年，第85页。

2 同上，第86页。

3 David T.Lykken and Auke Tellingen, "Happiness Is a Stochastic Phenomenon," *Psychological Science* 7 (May 1996), pp.186-189.

4 [美]本杰明·M. 弗里德曼：《经济增长的道德意义》，李天有译，中国人民大学出版社，2008年，第91页。

获得幸福感的心理与经济增长的关系来看经济增长如何促使一个国家具有更多的容忍、公平和民主，这或许即是经济增长的道德意义。从弗里德曼的研究中可以看出，一个人的"致富心理"或者说"幸福心理"有两种比较的标准：一是与自己的过去比，也就是我们所说的"纵比"；另一种是与周围其他人相比，也就我们所谓的"横比"。如果人们在同一个时间既把自己跟过去比较，又把自己与其他人比较，这样就形成了一个动态坐标系统。但是，在不同的情况下，人们会更偏重其中的一种比较方式，这样系统的状态依然是良好的。比如在经济萧条期，人们的财富增长缓慢时，人们自然会倾向于纵比；而在经济增长时期，如果出现财富分配不平均，某一个阶层先富起来时，人们又自然地会倾向于横比。总之，不论横比还是纵比，在不同情况下，它所带给人们的意义都是积极的。只要人们可以根据不同情况恰当地选择横比或者纵比，那么这个动态坐标系统就可以保持协调和平衡的状态。

二、动态坐标系统与中国国际责任的综合建构

弗里德曼的这种基于心理学视角的研究对于中国国际责任的综合建构过程是一个很好的启示。中国国际责任的内生因素与外生因素的动态互动过程在某种程度上可以借助弗里德曼所提到的这种动态坐标系统来分析。当最初中国还没有融入国际体系，国际社会也没有对中国明确提出负国际责任的要求或者要求还不及中国的实力时，中国就要"纵比"，即与我们自己国家相比，我们自身要不断的发展进步，要根据实力的发展逐步在国际上承担更多的国际责任。也就是说，无论外界有没有对中国提出国际责任的要求和期待，中国人的世界观、价值观以及中国自身的发展需求都决定我们会主动承担一定的国际责任，为自己也为世界实现良性和谐的发展作出应有的贡献；然而，当以美国为首的西方社会所建构的中国国际责任超出我们所能承受的实力范围时，我们就会"横比"，即与其他国家相比，我们已经承担了相当一部分的国际责任，作出了较为突出的贡献，但是我们不能承担力所不及的责任，而应努力承担与实力相符的国际责任；当国际社会对中国国际责任的期待正好符合我国的实际能力和义务时，这是最理想的状态，当然，即使没有国际社会的要求，我们也会主动承担与实际能力相符的、应尽的

国际义务和责任，因此，这种理想状态暂不作重点讨论。这里我们主要分析两种稍显极端的现象。当外部因素对我们的期待超过我们的实际能力时，我们可以进行"横向"比较，与发达国家、新兴经济体或者同水平国家相比，争取比同水平国家承担更多的国际责任。这种横向比较所产生的不满足感实际上为中国国际责任的可持续提高注入了活力和动力；当外部因素没有对我们寄予厚望或者期待低于我们可承担国际责任的实际能力时，我们就选择"纵向"比较，即跟自己国家曾经所承担的国际责任相比，我们要有所进步。即使在没有外界期盼的条件下，我们也要超越自我，不断提升中国在国际社会中承担国际责任的范围和能力。中国国际责任要在"纵比"中认清自我、设立目标，在"横比"中找出差距、发现不足，在不断努力进取中找到一种动态平衡。无论横比还是纵比，都有其积极因素，中国国际责任正是在这种横向与纵向比较的积极互动中处于一种积极的动态平衡状态。然而，从弗里德曼的分析出发，似乎还存在另一个潜在的问题很有可能影响人们的自我平衡能力。这就是在长期的经济较快发展过程中，人们"幸福心理"的比较体系可能会发生某种微妙的变化，人们已经不再满足于与富豪的"横比"，而是开始重新"纵比"，但此时不是与过去的经历相比，而是与预期中未来的幸福生活相比，甚至某些人对今后生活的发展走向产生了超常的期盼而对未来的美好生活处于一种想入非非的状态。这种现象可被称为"空比"，就好比在还没有住进经济适用房的时候，就开始考虑着有一天要搬到独栋别墅去了。这种情况下，一旦由于各种主客观原因，个人达不到自己过高的心里预期，由此带来的落差感可能会扰乱原有的动态平衡，甚至给社会带来不稳定的因素。同理，当中国国家实力不断发展壮大后，中国已经不满足于与其他国家比较，而是希望根据自己国家的实力承担更大的国际责任，此时，中国就要再次纵比，但是这次不是与自己的过去相比，而是与将来比，也就是对今后在国际社会中所承担的国际责任提出一种预期，期待今后可以在国际社会中享受更多待遇的同时，承担更大的责任。不过，这种期待一定要符合中国当时的国情和实际经济能力，绝对不能好高骛远、空喊口号，否则不切实际的期盼会扰乱整个动态平衡系统，甚至影响中国全盘经济和政治的良性协调发展。从下面的动态坐标图便可以清晰地看到中国国际责任内生因素与外生因素的互动机制。

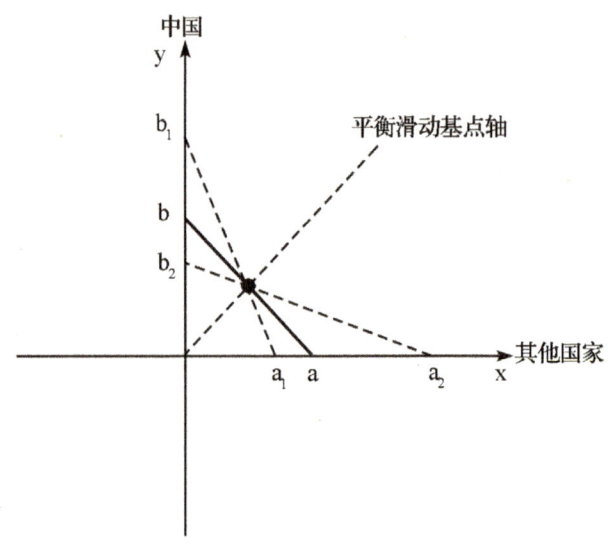

图中在平衡滑动基点轴上的ab即是动态平衡坐标，它在纵比时便滑向a_1b_1，在横比时则滑向a_2b_2，总之，它在不同情况下会有所侧重但又不脱离平衡点地滑动。显然，中国国际责任在纵比时由ab滑向a_1b_1，中国与自身相比承担了更多的国际责任；在横比时由ab滑向a_2b_2，与其他国家相比，中国所承担的国际责任也在不断进步。

综上所述，人们为了追求更好的生活、更高的收入、更多的幸福感等"更"的东西，自觉不自觉地会产生比较的动机，也就是说首先人们要有比较的主动性。对于中国的国际责任来说也是一样，中国政府发自内心地希望随着中国综合实力的不断增长，中国可以在国际社会承担越来越多的国际责任，为国际社会作出更大的贡献。其次，在经济发展不景气的时候，人们自然而然地产生"纵比"的愿望，通过忆苦思甜所产生的满足感是保持社会稳定的一个重要因素。这就好比当外生因素对中国国际责任没有期待或者期待低于中国的实际能力时，中国会跟以往中国所承担的国际责任相比，勇于超越自我。当经济增长了，一部分人先富起来了，人们的心态也就从"纵比"调整为"横比"，农民与工人比、工人与白领比、白领与老板比、老板跟比尔·盖茨比。这种横比所产生的不满足感增加了人们的工作动力，从而为国民经济持续增长注入了活力。同样，当外生因素的期待超过中国的能力范围时，中国就会与同水平的国家、与新兴经济体、与发达国家相比，找出自己的差距和不足，在承担与实力相符的国际责任的同时，尽量为国际社会作出更大的贡献。也就是说，横比和纵比可以协调内生和外生因素的平衡有序发展。第三，"横比"和"纵比"不一定同时发生，在某些情况下或者某一时期只有横比或者只有纵比。譬如，在新中国成立初期，中国还没有融入到国际体系，中国的国际责任是由于中国内生自发的国际正义感和国际道义精神而进行的制止帝国主义殖民战争和侵略战争所体现的。这一时期中国的内生因素占主导地位，因此，中国则倾向于纵比。然而，进入21世纪以后，伴随着中国软、硬实力的逐渐增强，以美国为首的西方国家为中国强制性地附加了许多国际责任，并且愈演愈烈，严重超出了中国的能力范围，此时，从某种程度上说，外生因素占了主导权，中国则自然进入横比的状态。最后，无论横比还是纵比，都是维护动态坐标平衡状态不可或缺的因素。横比和纵比的相互协调、共同作用才能保证动态坐标系统积极良性的发展。中国的国际责任亦是如此。只有内生因素和外生因素相互配合、互相促进、内外互动、协调发展才是一种积极的平衡互动状态。也就是说，只有外生期待和中国自身能力相匹配时，中国国际责任才能形成一种良性的动态互动过程。同时，外生因素的合理期待和刺激可以激发中国不断地学习和改进自身，不辜负外界的期待，争取承担更多的国际责任；而中国自身实力的发展，也使中国由内而生地希望在国际社会发挥负责任大国的作用。中国内生的意愿和义务与外界的期待和要求是在相互激发中不断互动和增长的。只要内生因素和外生因素都按照规则行事，那么这种动态平衡就会持续发展下去，并不断得到增强。

三、互动在综合建构中协调发展

中国的国际责任是内生因素和外生因素的综合建构过程。这种综合建构过程是在内、外因素的互动中有内有外、有主有次、不断轮回、协调发展的。中国国际责任的发展也是一种在期待与回应之间轮回的螺旋式的渐进上升过程。因此，中国的国际责任的综合建构按时间和发展因素两条线索大致可分为三个时期，即从20世纪50年代初到70年代初的以中国自身为主导的内在主导期；从20世纪80年代初到90年代中期的中国自身表现与外部期待的外在均衡期；从20世纪90年代中期到现在的中国自身愿望与外部期待的内外协调期。

1. 内在主导期（20世纪50年代初到70年代初）

所谓内在主导期，即指在新中国刚刚成立之初，中国是比较明显的革命性体制外国家，中国国际责任的实施主要受中国自身观念的影响，是内生的、自发的，内生因素发挥了主要作用，而并不是受外界强加和干预的。在没有外界期待或外界期待较低的情况下，中国国际责任的观念、性质和内容在中国自身主导下经历了一个逐步发展变化的过程。

改革开放之前，中国的国际责任观受当时社会的意识形态和国际环境的影响，主要体现的是在战争与革命条件下的国际主义义务。中国是新生的社会主义国家，拥护社会主义阵营的意识形态和马克思列宁主义思想。中国自身的参与世界革命的责任感和使命感以及国际正义感促使中国在当时并不富裕的情况下主动参加抗美援朝和抗法援越战争。虽然当时朝鲜和越南都向中国发出了求救信号，但是无疑当时中国共产党所具有的民族主义和国际主义的双重性格以及共产党的爱国主义和集体主义精神起了主要的推动作用。即使朝鲜和越南没有请求中国的帮助，中国也一样会主动伸出援助之手。这是以毛泽东为领导的社会主义中国对遭受帝国主义殖民战争和侵略战争国家的必要保护之举。中国共产党从社会主义阵营的意识形态出发，把团结一致抵抗殖民主义侵略，维护社会主义的共同利益作为履行国际义务、承担国际责任的根本出发点。在抗法援越战争中，中国共产党不仅奉献了多年战争积累的革命经验和战争策略，同时还在西北部战役、上寮战役和奠边府战役中给了越盟大量的物质援助，尤其是越南北部的战役中，中国志愿军自带口粮帮助越南赢得胜利，中国政府不要寸土寸金，是完全的无偿援助。只有发自内心的、由内而生的国际责任感才能促使一个国家发挥如此大无畏的奉献精神。

新中国成立初期，中国主要参与和支持了社会主义阵营中制止帝国主义殖民战争和侵略战争。到了60年代，中国的国际环境不断恶化，以毛泽东为代表的中国共产党人对中国参与到世界革命之中的认识更加明确。中国当时主要的对外援助战争是抗美援越战争。中国共产党之所以如此坚定地率先向北越伸出援助之手，首先是源于以毛泽东为代表的党的领导人的世界革命主义信念、国际主义正义感和国家安全意识。除此之外，中国还对广大亚非拉国家的民族解放运动给予了大量物质支持和帮助，尤其对阿尔巴尼亚以及其他欧亚社会主义国家给予了力所能及的援助。

从50年代到60年代的中国抗美援朝、抗法援越和抗美援越战争到后来中国支持亚非拉国家的民族解放运动以及对它们的大量物质支援无不体现了中国发自内心的国际主义精神。中国主动承担的制止帝国主义殖民战争和侵略战争的国际责任，为亚非同时也为中国国内社会主义经济建设争取了较长一段时间的和平环境。中国的这种国际主义精神和出于道义、正义而支持世界革命和战争的国际责任的观念主要源于中国共产党所信奉的马列主义思想和社会主义意识形态的影响。从新中国成立之初到改革开放前，中国的国际责任观念主要是自身主导的时期，中国主动展现了承担国际义务的情怀，这个内生因素发挥了主要作用，并且在内生因素的影响下中国承担的国际责任和义务也在不断发展。

2. 内外均衡期（20世纪80年代初到90年代中期）

在20世纪70年代之前，中国的国际角色或者说中国自我身份定位是一个具有比较明显的革命性体制外国家；80年代之前则具有一定的游离性；80年代之后则表现出明显的体系内负责任大国的特征。[1] 中国的国家身份经历了从70年代之前的革命性国家到70、80年代之间的游离性国家向80年代之后的现状性国家转化的过程。现状性国家与国际社会存在三个等级的认同：第一等级是强制性认同，指国家受到国际社会霸权国的强力胁迫而在非自愿的情况下与国际社会产生认同，因为这种认同具有强制性，所以称作强制性认同；第二等级的认同是利益性认同，指国家出于自身利益的驱使而产生加入国际社会的愿望，在遵守和维护国际秩序的前提下获得自身的利益。第二等级认同容易出现在制度化的国际社会中。第三等级的认同是观念性认同，是指国家在发展到一定阶段自然与国际社会的身份、文化和合法性等方面的融合。这种融合是国家与国际规范和制度内化统一的

1　秦亚青：《国家身份、战略文化和安全利益》，载《世界经济与政治》，2003年第1期，第11页。

结果，是无需外力强制和利益驱使的。[1] 20世纪80年代之后到90年代末之前中国基本上属于第二等级的现状性国家，此时中国的发展利益更为重要。改革开放之后，国际社会有一个相对稳定的和平环境，中国意识到战争是可以避免的，与对手是可以合作的。中国当前最大的利益就是发展利益，因此，中国国际责任的观念由改革开放前的在战争与革命条件下的国际主义义务，转变到改革开放后的在和平与发展成为时代主题时努力承担与自身实力相称的国际责任。中国政府深知我们不能关起门来自己搞建设，要想发展就必须参与到国际体系之中。于是，80年代以后中国开始从政治、经济、社会、文化等各个方面全方位地参与到国际体系之中。中国加入国际公约参与量的增加也表明国际社会对中国的认同程度大大提高。这种参与不仅有利于国家的经济发展，同时也体现了中国与国际体系、国际制度互动的过程。在这个互动的过程中，中国不断参与、学习和了解国际规范并从反馈中获得更多的进步。中国从国际体系中获利，同时中国的行为也受到国际体制和规范的约束。当然，即使在没有获得既得利益时中国也会比以往更加注意遵守国际制度的原则和更加维护中国自身在国际上的声誉和形象。中国通过参与活动越来越成为国际社会中的重要一员。那么，国际社会就自然对中国提出高于以往的希望和要求。中国在获得利益的同时，也必然为国际社会作出更大的贡献。

改革开放之后，中国首要的国际责任观念就是通过自身的发展促进世界的和平与发展，承担更多的国际责任。中国国内自身的发展责任是当时最重要的国际责任，中国的发展与稳定就是对世界的最大贡献。自从中国加入联合国以来，国际体系和主导国对中国自然提出要求，希望中国在国际舞台上发挥更大的作用。而中国也没有辜负联合国和世界其他国家的重望，从20世纪80年代末、90年代初中国组建的第一支维和部队到十年后中国组建的另一支崭新的维和部队向世界公开亮相，中国已经向联合国派出包括军事、运输、医疗等各种部队支持联合国的多项维和行动。目前，在联合国的五个常任理事国中，中国派遣人数最多，贡献力量最大。中国对联合国的人道主义援助方面投入了大量的人力和物力支持。同

---

[1] 秦亚青：《国家身份、战略文化和安全利益》，载《世界经济与政治》，2003年第1期，第10—11页。

时，维护世界及所在地区的稳定已经成为中国国际战略中最重要的国际责任。总之，改革初期随着中国的内在发展，开始参与国际体系，同时，国际体系及主导国对中国提出要求，中国开始遵守国际规则。到了90年代初，随着中国自身各方面实力不断增强，中国也期望自身在国际舞台中扮演更多角色、发挥越来越大的作用，国际社会也寄希望于中国承担更大的国际责任。这种国内发展与国际期待、内生因素与外生因素的互动轮回表明中国已经由一个体系外国家转变成在国际社会中发挥重要作用的大国。此时，外生因素开始对内生因素产生影响，同时，内生因素也因为参与到国际体系之中自觉遵守国际规则和规范，积极配合外部的期待和要求，并且这种外在的期待和中国的国家实力是基本相符的。所以，在这一阶段，中国国际责任的内生因素与外生因素的互动基本处于一种动态平衡的互动状态，并且这种状态无论在横向还是纵向都保持着一种良性上升的发展趋势，因此，我们称这一阶段为内外均衡期。中国国际责任在螺旋式上升的过程中已经明显地体现了中国是一个负责任大国的形象与风范。

3．内外协调期（20世纪90年代中期至现在）

90年代中后期以来，中国的国民经济已经逐步进入快速发展期，中国国家的综合实力进一步增强。中国实力的增强必然要求在国际舞台上承担更大的国际责任，发挥更大的作用，这无需外力的强制和利益的驱动，而是中国自愿地融入到国际体系之中，接受并发展国际社会的价值观、规则和规范。这就是第三等级的认同，即观念的认同，此时，一个国家相对于它自己的过去以及同时期的其他国家相比，以经济、军事和科技为主导的综合国力不断增强，国家与国际社会充分地融合，国家力量和国际影响力迅速提升。国家可以利用国际资源，控制和影响国际社会其他国家发展的能力，成为世界发展的源动力。同时，国际社会也希望中国能够承担较改革初期更大的国际责任。从90年代中后期开始，由于自身实力的增强，相较于80年代，中国也确实为国际社会承担了更多的国际责任。比如在1997年的亚洲金融危机中，为了帮助亚洲国家摆脱金融危机，中国兑现了承诺对人民币实行不贬值，保护和支持了东南亚国家的经济发展，极大地再现了负责任的大国风采。自从2001年中国加入世界贸易组织以来，中国认真地按照国际规则办事，积极地为全球经贸发展作出了贡献。同时，中国与东盟建立了自由贸易区，大力促进东亚一体化的发展。胡锦涛主席在2011年12月11日出席"中国加入世界贸易组织十周年高层论坛"时表示："近10年来，中国累计对外提供各类援款1700多亿元人民币，免除50个重债穷国和最不发达国家近300亿元人民币到期债务，积极承担了中国应尽的国际责任。"[1] 进入21世纪以来，中国在经济发展、维和反恐、打击海盗、全球治理、节能减排、人道主义援助等方面全方位地融入国际体系，积极主动地参与国际事务，承担国际责任。中国是世界和平与发展两大主题的坚定支持者和维护者。但是，2005年以来佐利克的"负责任的利益攸关方"打破了中国国际责任的和谐状态，以美国为首的西方社会对中国所提出的一些国际责任已经严重超出了中国的实际能力和范围。譬如在哥本哈根的气候会议上，西方国家始终"关注"中国的二氧化碳排放总量问题，但是它们却没有注意到两个不争的事实，那就是：中国人均二氧化碳排放总量还不足发达国家平均水平的1/4，甚至更少；与发达国家相比，中国基本上是必需的"生存排放"；大气中现有的二氧化碳量很大一部分来自发达国家，而并非发展中国家。[2] 然而，发达国家却希望中国可以为二氧化碳减排量作出更大的贡献，甚至超过发达国家所承担的责任。德国教授马里奥·施密特曾经专门发表文章为发展中国家"喊冤"。他说，"中国等广大发展中国家为欧美国家生产了大量的消费和深加工的产品，然而这样所产生的二氧化碳排放量却完全要发展中国家埋单，这显然是不公平的，排放量的多少，主要是看消费了多少，而不是生产的结果"。[3] 除了气候问题之外，在人民币汇率、全球治理、维和反恐、打击海盗等问题上，西方国家时而会提出一些差强人意的中国国际责任，并且它们在很多时候首先掌握了国际社会的话语权，将中国至于被动承担责任的地步。但是，中国毕竟是发展中大国，有自身现实的国情，中国要承担符合自身国情和身份的国际责任，这样才能

1　参见《胡锦涛：近10年中国对外提供援款1700多亿》，http://www.chinanews.com/cj/2011/12-11/3523093.shtml, accessed 17 December, 2011。

2　参见《应对气候变化，中国展现负责任大国风范》，http://env.people.com.cn/GB/10604314.html, accessed 17 December, 2011。

3　参见《应对气候变化，中国展现负责任大国风范》，http://env.people.com.cn/GB/10604314.html, accessed 17 December, 2011。

使国际社会的期待与中国的回应处于一种动态平衡的状态。国际社会对中国的期待逐步提高无可厚非，中国也的确在很多国际事务中以领导者的身份负起了发展中大国的国际责任，甚至有些时候，中国在优先考虑国际利益的情况下来承担责任，但是这个责任必须是中国力所能及的，同时，根据中国的实际国情，所承担责任的范围和广度、深度要逐步扩大，不能一蹴而就。

总体而言，21世纪是中国经济飞速发展的时期。对于某些西方国家强加的国际责任，中国似乎"没有完成任务"，但是与中国自身以往或与同水平国家相比，伴随国际社会期待的逐步提高，中国在国际社会所承担的国际责任也渐渐加大。中国的国际行为实现了与国际社会犬牙交错式的良性互动，但是面对一些强加的国际责任，中国仍需要与国际社会进一步协调和互动，达到内生因素与外生因素的稳步健康发展。

四、结语

中国国际责任的建构过程是中国自身的主观愿望与国际社会的外部期待和诉求综合作用的结果，也就是内生因素和外生因素的动态互动过程。改革开放之前，中国国际责任观主要是中国人民在战争与革命基本判断指导下所体现的国际正义感、国际责任感和国家使命感，因此，当时的国际责任被称作"国际主义"。改革开放之后，中国经济迅速发展，中国积极参与国际事务、承担应有的国际责任。2005年美国时任副国务卿佐利克在纽约美中关系全国委员会上提出中国要成为"负责任的利益攸关方"之后，中国国际责任问题甚嚣尘上；在本世纪第一个十年后，当中国的经济发展超过日本成为世界第二大经济体的时候，几乎全世界都在"炒作"中国责任。但是，中国政府依然在政治、经济、国际人道主义援助、环境保护、节能减排等诸多方面超出外界期待地承担自己应尽的国际责任，彰显负责任大国的风范。纵观中国国际责任的整个建构过程，内生因素始终发挥着主要作用。当中国实力发展了，中国更加融入国际体系，中国会主动承担更多的国际责任；此时，国际社会由于中国综合实力的快速发展也必然对中国提出更高更新的期待和诉求，中国也因此会尽最大努力承担更多更大的国际责任。

中国的国际责任即是在这种自身愿望与外部期待不断变化下螺旋式渐进上升的过程。只要外部期待符合中国的自身条件和实力范围，而并非是出于他国强加的、别有用心的企图，那么，中国政府定会从世界人民的共同利益出发展现一个负责任大国的良好形象，中国国际责任也必然会呈现出动态、平衡、和谐、健康的发展态势。

The Harmonious Construction between Endogenous and Exogenous

—Factors of China's International Responsibility

Li Shoushi

Abstract: China's fulfilling its international responsibility in the world is one of the most important factors in maintaining China's image. The construction of China's international responsibility is a synthetic result of interaction between endogenous and exogenous factors. Based on Friedman's dynamic coordinate system, this article aims to explain how endogenous and exogenous factors interact harmoniously via analyzing three-stage periodization of China's international responsibility. The fact suggests that China's international responsibility would be in a harmonious dynamic interactive process if the external expectations match well with China's real ability. Constructing a harmonious international responsibility will benefit China's image and reshape its soft power as well.

Key words: China's International Responsibility; China's Image; Endogenous & Exogenous Factors; Harmonious Interaction

他山之石

杜甫诗歌在英美的翻译与影响

朱 徽[*]

摘　要：杜甫不仅是中国文学史上的伟大诗人，在世界文学领域也享有崇高声誉。杜甫诗歌因其博大深刻的思想内容、精湛娴熟的创作技巧和沉郁顿挫的艺术风格，在中国和世界诗歌史上占有重要地位，是世界文学宝藏中的瑰宝。在汉诗英译历史上，杜诗英译也经历了百年历程，涉及众多译者和译本，译作形式和翻译策略也有所不同；这些都为杜甫诗歌走向世界起到重要作用，产生了深远影响。本文对杜诗在英美的翻译与影响作简要评述。

关键词：杜甫诗歌　汉诗英译　接受与影响

杜甫（712—770）是中国唐代著名诗人，他的诗作具有高尚的思想品格和永恒的艺术魅力，在中国和世界上产生了深远影响。在20世纪的汉学西传中，杜甫诗歌越来越受到西方汉学界的关注，欧美汉学界在翻译和研究杜甫诗歌方面取得了丰硕成果。介绍和评析杜甫诗歌在英美的翻译与影响，进而了解西方学界对中国古诗及传统文学的接受过程，对于打破在"欧美中心主义"制约下东西方跨文化交流的失衡状态，弘扬中华传统思想文化，促进中国与西方文化之之间的平等交流具有重要意义。

---

[*] 朱徽（1946— ），四川大学外国语学院教授、博士生导师，美国加利福尼亚大学、加拿大多伦多大学等高级访问学者。研究方向为比较文学、翻译研究。联系地址：成都市四川大学外国语学院英文系（邮编610064），电子邮箱：hzhu@scu.edu.cn, hzhu618@gmail..com。

一、杜甫生平作品简述

杜甫生于河南巩县,少时以文才受到重视和赞扬,因仕途不得志,广游名山大川,开阔胸襟,跟李白结为挚友。因避安史之乱,曾在各处漂泊,生活艰辛。他曾在西南居住达11年,在成都时筑浣花溪草堂,留存至今。后经夔州离开四川,来往于岳阳、长沙之间,病逝于湘江舟中。杜甫虽然仕途坎坷,因战乱漂泊,生活困顿,但他坚守忠君爱国和忧国忧民的儒家思想,坚持"诗是吾家事"的信念,以诗歌创作为执着追求的人生目标,留下了1400多首诗。这些作品鲜明生动地呈现人物形象,深刻真实地揭示社会现实,将个人经历跟时代变迁紧密结合,深刻地展现了唐王朝由兴盛走向衰落的社会现实和时代特征,是中国诗史上现实主义诗歌创作的巅峰,被称为"诗史"。他的乐府歌行体叙事诗启发了中唐元稹和白居易等的"新乐府运动";其五七言古近体诗既集古诗艺术之大成,又富有创新发展,取得极高的艺术成就。杜甫也因此被尊为"诗圣"。今存杜诗集注本包括清钱谦益《笺注杜工部集》、杨伦《杜诗镜铨》和仇兆鳌《杜诗评注》等。传记和研究论著包括冯至《杜甫传》、萧涤非《杜甫研究》、傅庚生《杜甫诗论》和朱东润《杜甫叙论》等。[1]

二、杜诗英译简介

英美学者译家翻译杜甫诗歌历史悠久。早在19世纪前期,英国汉学宗师德庇时(Sir.J.F. Davis)就翻译过杜诗(1829),汉学宗师翟理斯(H.Giles)不仅翻译杜诗(1884),还在其首部《中国文学史》(*A History of Chinese Literature,* 1901)中介绍和赞扬杜诗。然而,若跟王维和李白等诗人相比,过去长期以来,杜甫诗作在英语世界受到的关注较少。究其原因,被称作"诗史"的杜诗不仅描写自然风光和

各种杜甫诗歌英译版

---

1 根据《中国大百科全书·中国文学》第一卷"杜甫"条,中国大百科全书出版社,1986年,第124—132页。

各种杜甫诗歌英译版本

个人际遇,还富含诗人对社会、历史和政治等方面的深刻关注,典故较多,形式严谨整饬,语言精巧深邃。译者难于驾驭,读者也不易理解。进入20世纪后,在欧美掀起学习和翻译中国诗歌的高潮中,英美译者越来越关注杜甫。如克莱默-宾(L.Crammer-Byng)译的《玉笛》(*The Lute of Jade*, 1911)、伯德(Charles Budd)译的《中国诗歌》(*Chinese Poems*, 1912)、弗莱彻(W.J.B.Fletcher)译的《中国诗歌精粹》(*Gems of Chinese Verse*, 1918),洛威尔(Amy Lowell)和艾思柯(Florence Ayscough)合作翻译的《松花笺》(*Fir-Flower Tablets*, 1921)以及宾纳(Witty Bynner)与江亢虎合作翻译的《群玉山头》(*The Jade Mountains*, 1929)等多种译诗集中都收入了杜诗。这类作品还有安德伍德(F.W.Underwood)的《杜甫——月光下的中国游吟诗人》(*Tu Fu: Wanderer and Minstrel under Moons of Cathay*, 1929)和《杜甫诗歌七首》(1928),以及布莱斯(A.J.Brace)的《杜诗蜀篇》(1934)等。进入20世纪中后期,杜甫诗歌明显受到了英语世界的重视,有不少译者学者在深入研究的基础上翻译杜诗。其中最突出的是由洪业(William Hung)著译,美国哈佛大学出版社出版的《中国最伟大诗人杜甫》(*Tu Fu, China's Greatest Poet*, 1952),该书对杜甫及其诗歌作了全面的介绍与翻译,轰动英美和西方学术界。此外,英国翻译家白英(Robert Payne)编译的《白驹集—中国诗歌选》(*The White Pone: An Anthology of Chinese Poetry*, 1960)中收入杜诗;大卫·霍克斯(David Hawkes)的《杜诗导读》(*A Little Primer of Tu Fu*, 1967,1990)不仅翻译杜甫诗歌,还附有解释与短评;又如,戴维斯(A.R.Davis)的《杜甫》(*Tu Fu*, 1971),华裔学者柳无忌和罗郁正等编译的《葵晔集》(*Sunflower Splendor*, 1975)和葛瑞汉(A.C.Graham)的《晚唐诗》(*Poems of* the Late Tang, 1977）等中都收入了不少杜甫诗歌；诗人雷克思洛斯（K.Rexroth）经过艰苦努力，翻译发表了数十首杜诗；阿瑟·库柏（Arthur Cooper）著《李白与杜甫》(Li Po and Tu Fu, 1974)中收有多首杜甫诗作译文；汉学家华岑（Burton Watson）翻译的《杜甫诗选》（The Selected Poems of Du Fu, 2002）代表着这一领域的新成果。散见于各类中国文学或中国诗歌选本里的英译杜诗更是不可胜数，涉及的译者如哈特（H.H.Hart）、拉帖莫尔（D.Lattimore）、西登（J.P.Seaton）和宇文所安（S.Owen）等多人。[1]

三、代表性译家及译作

众多英美译者翻译的杜甫诗歌被收入各类文学作品选集，或编成杜诗英译本。本节简要介绍具有代表性的译家（按生年排序）与译作。[2]

1. 翟理斯（Herbert Giles, 1845—1935），曾任英国驻华外交官，后来长期担任剑桥大学汉学教授，是英译杜诗的先驱者，也是格律体翻译的重要代表。如杜甫《绝句》："江碧鸟逾白，山青花欲燃。今春看又过，何日是归年？"其英译文：In Absence: White gleams the gulls across the darkling tide, / On the green hills the red flowers seem to burn. / Alas! I see another spring has died… / When will it come —the day of my return? 原诗写暮春景色，形象生动，色彩亮丽；诗人抒发长年漂泊，何时返乡的感慨。翟理斯是格律体译诗的代表之一，19世纪末至20世纪初，在英美仍然盛行传统英诗风格，诗歌读者仍习惯于格律体的传统样式。译者用严谨的抑扬格五音步（iambic pentameter）和交韵（alternate rhyme）即abab韵式来翻译中国的五言绝句，在内容和形式上都保留了原作的特征，可谓珠两悉称。

2. 艾思柯（Florence Ayscough, 1878—1942），是在20世纪上半叶，英美诗歌突破传统格律体的藩篱，朝现代诗歌发展时期的译者，她跟洛威尔（Amy Lowell）合作翻译的《松花笺》（Fir-Flower Tablets, 1921）在英美现代派诗歌发展中产生了重大影响。如杜甫《旅夜书怀》："细草微风岸，危樯独夜舟。星垂

---

1 参见黄鸣奋：《英语世界中国古典文学之传播》，学林出版社，1997年，第160—161页。
2 对杜甫原诗的解读参见《唐诗鉴赏辞典》，上海辞书出版社，1983年。

平野阔,月涌大江流。名岂文章著,官应老病休!飘飘何所似,天地一沙鸥。"其英译文:A Traveler at Night Writes His Thoughts: Fine grass; slight breeze from bank; / High mast; alone at night in boat. / Over level widening waste stars droop—flowers; / Moon flows as water on vast surging stream. / Fame! Is it manifest by essays, poem? / An official, old, sick, should rest. / What do I resemble, blown by wind blown by wind? / A gull on the sand between Heaven and Earth 首联英译文不符合英文规范,如没有动词,名词之间的关系不清楚;一系列并置意象几乎就是原诗的重排,凝练达意,再现了原诗的意境和语言特色,也对当时正在兴起的英美意象派诗歌创作产生了很大的影响。末两句是诗人在晚年衰病时对不能够施展抱负的深沉感叹,译文简洁明确,传达了原诗的意思和情感。

3. 弗莱彻(W.J.B.Fletcher, 1879—1933),曾任英国驻华外交官,著名翻译家,是格律体英译汉诗的代表之一。如杜甫《秋兴八首(之一)》:"玉露凋伤枫树林,巫山巫峡气萧森。江间波浪兼天涌,塞上风云接地阴。丛菊两开他日泪,孤舟一系故园心。寒衣处处催刀尺,白帝城高急暮砧。"其英译文:Ode to Autumn:Before the Autumn's pearling dew the maple woods decay./ O'er Magic Hill and Wizard Gorge broods desolation's sway./ The billows of the river leap to touch the boiling sky./ The storm-clouds driven o'er the Pass o'er Earth as shadows fly./ The asters twice have opened a fresh year's tears to view./ The lone boat once tied up acquires old longings ever new. / All round, their winter clothes to make, the rule and scissors ply./ Till sunset thuds the busy block o'er Po-ti's towers high. 这是杜甫在晚年旅居夔州时所作,满目萧条的秋景和凄清的秋声引起诗人对国家盛衰和个人身世的无限感慨。因原诗写景抒情的内容非常丰富,传统的抑扬格五音步受到限制,译者选用了不常用的抑扬格七音步,押双行韵(couplet rhyme),即 aa bb cc bb 韵式,译者将地名"白帝"音译成 Po-ti,但将"巫山"和"巫峡"等地名却意译成 Magic Hill 和 Wizard Gorge,会让读者产生离奇联想,有损于原意,是不妥的。

4. 宾纳(Witty Bynner, 1881—1968),美国翻译家,是从传统格律体演变到散体英译的一位重要译者,他跟中国学者江亢虎合作翻译的《群玉山头》(*The Jade Mountain*, 1929)是《唐诗三百首》的散体全译本,出版后广受欢迎。宾纳的英译汉诗产生过很大影响。如杜甫《登高》："风急天高猿啸哀，渚清沙白鸟飞回。无边落木萧萧下，不尽长江滚滚来。万里悲秋常作客，百年多病独登台。艰难苦恨繁霜鬓，潦倒新停浊酒杯。"其英译文：A Long Climb：In a sharp gale from the wide sky apes are whimpering, / Birds are flying homeward over the clear lake and white sand / Leaves are dropping down like the spray of a waterfall, / While I watch the long river always rolling on. / I have come three thousand miles away. Sad now with autumn / And with my hundred years of woe, I climb this height alone. / The fortune has laid a bitter frost on my temples, / Heart-ache and weariness are a thick dust in my wine. 原诗以登高所见之秋色倾诉诗人常年飘泊、老病孤愁的复杂感情。译者不受严谨格律局限，以大致每行六或七个音步的无韵散体来译，大体传达原诗意味。但因原诗博大精深，整饬工整，译诗也还现存一些问题，如"鸟飞回"是"来回飞"而不是"往回飞"，"无边落木萧萧下"不是"树叶像瀑布水花般落下"，"潦倒新停浊酒杯"应是"因悲愁和病情不再饮酒"，而不是"痛心与抑郁是我所饮酒中的厚厚沉淀"等；这些都是英美译者常出的问题。

5. 雷克思洛斯（Kenneth Rexroth，1905—1982），美国现代派诗歌的主将之一，中文名"王红公"。他深为杜诗的博大精深与无穷魅力而折服，在研究和翻译杜甫方面付出很大努力，取得瞩目成就。如杜甫：《曲江二首（之二）》："朝回日日典春衣，每日江头尽醉归。酒债寻常行处有，人生七十古来稀。穿花蛱蝶深深见，点水蜻蜓款款飞。传语风光共流转，暂时相赏莫相违。"其英译文：By the Winding River：Every day on the way home from / My office I pawn another / Of my Spring clothes. Every day / I come home from the river bank / Drunk. Everywhere I go, I owe / Money for wine. History / Records few men who lived to be / Seventy. I watch the yellow / Butterflies drink deep of the / Flowers, and the dragonflies / Dipping the surface of the / Water again and again. / I cry out to the Spring wind, / And the light and the passing hours. / We enjoy life such a little / While, why should men cross each other? 原诗借描写长安曲江池的景色，以仕途不得志，有感于暮春而作，蕴含着深刻的社会内容，含蓄而富有神韵。散体译诗比较准确精炼，如"人生七十"这句译文简练达意；"蛱蝶蜻蜓"联也译得颇为生动传神；原诗最后两

句应是诗人期望眼前风光不要违背了自己的意愿，再多挽留一阵暮春景色。译文却成了对人际关系的感慨，不符合原诗意思。

6. 库柏（Arthur Cooper, 1916— ），翻译和研究杜甫和李白的专家，是散体翻译的重要译者。如杜甫《兵车行》（片段）："车辚辚，马萧萧，行人弓箭各在腰。爷娘妻子走相送，尘埃不见咸阳桥。牵衣顿足拦道哭，哭声直上干云霄！道旁过者问行人，行人但云点行频。或从十五北防河，便至四十西营田。去时里正与裹头，归来头白还戍边。边庭流血成海水，武皇开边意未已！"其英译文：The Ballad of the Army Wagons (excerpt): The din of wagons! Whinnying horses! / Each marcher at his waist has bow and quiver; / Old people, children, wives, running alongside, / Who cannot see, for dust, bridge over river; / They clutch clothes, stamp their feet, bar the way weeping, / Weeping their voices rise to darkening Heaven; / And when the passers-by question the marchers, / The marchers but reply, "Levies come often: / "They take us at fifteen for up the river, / To garrison the West, they'll take at forty, / Your Headman has at first to tie your turban, / Grey-headed you come home, then back to duty —/ "The blood that's flowed out there would make a sea, Sir! / Our Lord, his lust for land knows no degree, Sir! 原诗以乐府民歌形式，三、五、七言错杂，以描写送将士出征，揭露唐玄宗穷兵黩武给人民带来的灾难。译文比较准确生动，如"牵衣"句中连用四个动词，英译文也连用四个动词（形式不同）；原诗中"道旁过者"（诗人）与"行人"（出征士兵）的对话也译得很生动，如"去时里正"句的译文就显得简洁达意；但原诗"边庭"句应是诗人以汉寓唐，将矛头指向统治者而发出的悲愤抗议，译文却仍是出征士兵向行人控诉统治者的贪婪凶残，在情理和语气上都有悖于原诗。

7. 华兹（Burton Watson, 1925— ），美国哥伦比亚大学东亚学者，翻译家。"二战"期间在日本服役时接触东方文化，回国后获东亚研究博士学位。他翻译的大量中国和日本典籍，包括新近出版的《杜甫诗选》（2002）等，在西方产生很大影响。如杜甫《春望》："国破山河在，城春草木深。感时花溅泪，恨别鸟惊心。烽火连三月，家书抵万金。白头搔更短，浑欲不胜簪。" 其英译文：Spring Prospect: The nation shattered, hills and streams remain. / A city in spring, grass

and trees deep: / feeling the times, flowers draw tears; / hating separation, birds alarm the heart./ Beacon fires three months running, / a letter from home worth ten thousand in gold — / white hairs, fewer for the scratching, / soon too few to hold a hairpin up. 原诗描写杜甫在安史之乱中被叛军羁困于长安城中，伤感时事，怀念家人，语言精炼，对仗工整（包括首联）；译者以散体翻译，将原诗八行译成英文的三个完整句，但排列成八行，既便于英美读者欣赏，又在形式上接近于原作，尤其是第三、四两行，用两个"悬垂分词"以保留原诗的"复义"（ambiguity）特色，以相同结构再现原诗对仗特色，在散体中又见简洁工整，显示出译者的深厚功力。

8. 宇文所安（Stephen Owen, 1946— ），美国哈佛大学汉学教授，翻译家，是以研究中国古典文学，尤其是唐代文学而著称的学者翻译家。如杜甫"对雪"："战哭多新鬼，愁吟独老翁。乱云低薄暮，急雪舞回风。瓢弃樽无绿，炉存火似红。数州消息断，愁坐正书空。"其英译文：Facing the Snow：Weeping over battle, many new ghosts, / In sorrow reciting poems, an old man all alone. / A tumult of clouds sinks downward in sunset, / Hard-pressed, the snow dances in whirlwinds. / Ladle cast down, no green lees in the cup, / The brazier lingers on, fire seems crimson. / From several provinces now news has ceased — / I sit here in sorrow tracing words in air. 原诗描写在唐王朝为讨平安史之乱的战争中，对前线战况和亲人信息无从获悉，表现诗人贫寒交困的境况和对时局的深深忧念。宇文氏的散体译文忠实准确，简洁流畅，如以首联译文就非常精炼准确，其中对英文常规的偏离（如缺谓语动词，many new ghosts的语法关系不清楚等）意在再现原诗的语言特点。颔联意象鲜明，对仗工整；译文基本上再现了原诗的对仗特征；原诗"瓢弃樽无绿"是以酒之颜色"绿"来代替"酒"，意即"杯中无酒"，译文no green lees in the cup（杯中没有绿色的剩余物），却不符合原意。

四、杜诗在英美的影响

一个多世纪以来，数代英美译者翻译的杜甫诗歌已经广泛深入到英美乃至西方的文学界、翻译界和学术界，产生了很大影响。

1. 英译杜诗经典化。"经典化"（canonization）指文学作品经读者反复阅读和学者长期研究，最终被确认为具有天才性和独创性的经典作品的过程和方式，如西方文学中的"乔叟经典"和"莎士比亚经典"等。过去在"欧美中心主义"强权文化的制约下，英美的文学经典基本只选收源自希腊罗马文明传统的作品，对源自其他地域和文化的作品多有忽视或歧视。但是，英译杜甫等中国古代诗人的优秀作品已经成为世界文学经典，改变了这一局面。例如，耶鲁大学梅·迈克（M.Mack）主编的《诺顿世界文学杰作选集》（1956—2003）曾多次再版，在全世界享有很高声誉，近年来，该书收入《月夜》等8首杜诗；[1] 宇文所安编译的《诺顿中国文学选集：初始至1911年》（1996）收入不同时期的杜诗约30首，还附有引言和注释[2]；由宾州大学梅维恒（V.H.Mair）主编的《哥伦比亚中国古典文学选集》(1994)享有盛誉，其中收入《春望》等8首杜诗；[3] 由英国汉学家闵福德（John Minford）和中国学者刘绍铭历十余年编成，哥伦比亚大学出版社推出的《中国古典文学译文集》（第一卷）(*An Anthology of Translations of Classical Chinese Literature:* Volume One, 2000, 2002) 在全世界广受关注和赞扬，这部被誉为"里程碑"的巨著已经成为世界文学经典，其中收入《望岳》等50余首杜诗，涉及众多英美译者，并附有引言和注释，以及同一首原诗的几种译文等。[4]

2.对英诗创作的影响。在20世纪英美诗歌的创作中，英译杜诗产生过重大影响。在思想内容方面，杜甫常以描写自然景色而感事抒怀，以天下为己任的胸怀，影响过一些英美诗人。如美国诗人斯奈德（Gary Snyder）曾精心翻译过《春望》等杜诗，在他的诗歌创作中，经常也在描写自然风光中寄寓着对社会问题的关注；美国诗人雷克思洛斯崇敬杜甫，翻译杜诗，他写于中国抗日战争期间的诗《加州之秋》(Autumn in California)描写一位中国妇女在日本飞机轰炸南京时惨死的情景。他们为时事忧心、为苍生请命的情怀，跟杜甫一脉相承的。在艺术性方

1　Maynard Mack, ed., *The Norton Anthology of World Masterpieces*, Norton & Company, 1956-2002.

2　Stephen Owen, tr., ed., *An Anthology of Chinese Literature, Beginnings to 1911*, Norton & Company, 1996.

3　Victor H. Mair, ed., *The Columbia Anthology of Traditional Chinese Literature*, 1994.

4　John Minford & Joseph. S.M. Lau, eds., *An Anthology of Translations of Classical Chinese Literature: Volume One*, 2000.

面，英美现代诗人从英译杜诗中也得到许多启发和灵感，如艾思柯英译杜诗"细草微风岸，危樯独夜舟"句：Fine grass; slight breeze from bank; / High mast; alone at night in boat，这类有意缺失动词和关联词语的"并置意象"并不符合传统的英诗规范，但却给摒弃直接抒情的陈词滥调，鼓吹仅以意象写诗的英美"意象派"以极大的启示。

3.英诗中的互涉文本。互涉文本（intertext）是指在一个文本中包含着的另一个文本，两者可能属于同一种文化，也可能属于不同的文化。克莉斯蒂娃（J. Kristeva）认为，没有一个文本是初始的、独创的，任何文本都得依赖于先前存在的文本和释义规范，都是对其他文本的吸收与转化。[1] 布鲁姆（Harold Bloom）在阐释"互文性"与创作之间的关系时说，即使是很有才华的诗人，也要靠误读前人，才能为自己开拓想象的空间。[2] 英译杜诗也成为现代英美诗人创作中的互涉文本，以美国现代女诗人凯瑟（Carolyn Kizer, 1925— ）为例，她经常将中国古诗句用在自己的创作中，如《致被放逐的王孙》就是一首"仿杜甫"诗（部分）："你孤单地遗世独立，/ 在我们初见的那夜 / 你就允许我留下：/ 秋夜高爽，/ 微风清凉"。这就是杜甫诗"赠特进汝阳王二十二韵"中一段的"互涉文本"："招要恩屡至，崇重力难胜，披雾初欢夕，高秋爽气存"；又以美国现代诗人雷克思洛斯为例，他的诗《又一春》（Another Spring）细致描写寂静中的大自然，第二节是：The white moon enters the heart of the river; / The air is drugged with azalea blossoms; / Deep in the night a pine cone falls / Our campfire dies out in the empty mountain. 其中第二句是杜诗《大云寺赞公房》中句"地清栖暗芳"，第三句由杜诗《月圆》中句"故园松桂发"转化而来。

4.跨学科研究。由斯内尔-霍恩比（M.Snell-Hornby）倡导的"综合法"（integrated approach）凸显翻译研究的跨学科、跨语言和跨文化特质[3]；当今英美的翻译研究综合了多门学科，具有明显的"跨学科性"（interdisciplinarity），如美国布朗大学（Brown University）等联合开发"中国文学"超媒体语料库（hyperme-

---

1　参见乐黛云等主编：《世界诗学大辞典》"互文性"条，春风文艺出版社，1993年。

2　Harold Bloom, *The Anxiety of Influence*, Oxford University Press, 1997.

3　Mary Snell-Hornby, *Translation Studies: An Integrated Approach*, John Benjamins, 1995.

dia corpus)[1]。以杜诗英译为例，其"作者概览"展示杜甫生平，"译者概览"列举英美主要译家，"文本概览"搜罗杜诗版本、注释和多种英译文，如将《旅夜抒怀》输入，很快查到原诗文本、创作背景、全诗注音与评论，以及近20种英译文。研究者可以逐行对译文进行比较研究，对不同的翻译策略和技巧作出描述和评价。

On English Translation and Influence of Du Fu's Poems in England and America

Zhu Hui

Abstract: Du Fu is not only a great poet in the history of Chinese literature, but also enjoys a high reputation in the world literature. Because of its profound thought, creative skills and consummate artistic style, Du Fu's poetry occupies an important position in Chinese and the world's poetry. In the history of Chinese poetry into English, the English translation of Du Fu's poems also has experienced a hundred years history, involving numerous translators and versions, with different translation forms and translation strategies, which plays an important role in the spread of Du Fu's poems. This paper makes a study on the English translation and influence of Du Fu's poems.

Key words: Du Fu's Poems; English Translation of Chinese Poetry; Reception and Influence

---

1　Paul Kahn, Linking Together Books: Adapting Publishing Materials into Intermedia Documents, Delany, Paul & Landow, G. H. eds., *Hypermedia and Literary Studies*, Cambridge, The MIT Press, 1995.

中国文学经典在英语世界的拓展与突破[*]

——以《哥伦比亚中国古典文学选集》为中心的考察

陈 橙[**]

摘 要：在西方汉学界，美国汉学家梅维恒主编的《哥伦比亚中国古典文学选集》是中国古典文学英译选集的代表作之一。该文选致力于祛除狭隘意义上的纯文学概念，力图对中国文学的定义进行拓展；致力于颠覆传统思维下的经典观念，力图对中国文学经典进行重新发掘与阐释。文选向英语读者展示了中国文学广博而陌生的一面，对于未来的文选编译，具有十分重要的启示作用。

关键词：《哥伦比亚中国古典文学选集》 梅维恒 经典重构

引言

"一个时代有一个时代的文学，一个时代也有一个时代的翻译文学和翻译文学经典"[1]。作为文化机制的一种表征形式，翻译选集参与着中国古典文学经典化的重构历程。因此，一个时代亦有一个时代的文选编译。在英译中国文学的漫长

---

[*] 基金项目：教育部人文社会科学研究青年基金项目（12YJCZH008）、上海市教育委员会科研创新项目（12YS076）、上海高校青年教师培养资助计划（ssc11030）。

[**] 陈橙（1982— ），上海海洋大学外国语学院讲师，英语语言文学博士，美国威斯康辛麦迪逊大学访问学者，研究方向为翻译与跨文化交流、国际汉学研究。联系地址：上海浦东新区临港新城沪城环路999号上海海洋大学外国语学院（邮编201306），电子邮箱：cchen@shou.edu.cn。

[1] 查明建：《文化操纵与利用：意识形态与翻译文学经典的建构——以20世纪五六十年代中国的翻译文学为研究中心》，载《中国比较文学》，2004年第2期，第98页。

《哥伦比亚中国当代文学选集》
的封面书影

《哥伦比亚中国古典文学选集》
的封面书影

《哥伦比亚中国古典文学选集》的
作者梅维恒教授

历史中,文选编译极大地推进了中国古典文学和文化的非边缘化,并对中国古典文学进行了不同程度的经典重构,甚至造就了一系列全新的动态经典和编排范式。在一系列的中国古典文学英译选集中,《哥伦比亚中国古典文学选集》(The Columbia Anthology of Traditional Chinese Literature,以下简称《哥伦比亚文选》)独树一帜,对中国文学在英语世界的经典重构具有十分重要的意义。

《哥伦比亚文选》是哥伦比亚大学出版社"亚洲经典译丛"(Translations from the Asian Classics)的又一力作[1]。哥伦比亚大学是美国的亚洲研究和汉学研究重镇之一,从20世纪60年代以来,该大学出版社推出了数种亚洲研究丛书和亚洲经典英译丛书。《哥伦比亚文选》的主编梅维恒(Victor H. Mair)是美国当代著名汉学家,也是西方学术界最主要的敦煌变文研究者,其研究范围涵盖了中国语言及文学、考古、比较文化研究等。

这部长达1300余页的文选巨著涵盖了100多位译者的400多篇译作,对中国古典文学作了全面的勾勒。《新亚洲评论》(New Asia Review)高度评价此选集是一部"从中国文学的巨大宝库中提炼出精品的必备参考书,带给读者极大的阅读乐趣"[2]。《中西部书评》(The Midwest Book Review)评论道:"作为一部基本的参考书,《哥伦

---

[1] 在《哥伦比亚中国古典文学选集》之前,"亚洲经典译丛"中的中国文学选集主要包括华兹生主编的《哥伦比亚中国诗选:从早期至20世纪》(The Columbia Book of Chinese Poetry: From Early Times to the Twentieth Century, 1984)和齐皎瀚选编(Jonathan Chaves)的《哥伦比亚中国晚期诗歌》(The Columbia Book of Later Chinese Poetry, 1986)。《哥伦比亚中国古典文学选集》将中国文学的范围扩大到了除诗歌之外的各种文类。

[2] Victor H. Mair, ed., The Columbia Anthology of Traditional Chinese Literature, New York: Columbia University Press, 1994: back cover.

比亚文选》即使在最拥挤的书架上，也能找到一席之地，它是近几十年来出现的第一部严肃的中国文学选集"[1]。虽然将之称为"第一部严肃的中国文学选集"有失偏颇（例如在此之前就有汉学家白之于20世纪六七十年代编译的《中国文学选集》），不过，该选集在众多英译中国文选中占有十分特殊的"一席之地"，确是毫无疑问的。

这特殊的一席之地，主要体现在该文选对中国文学经典的"拓"与"破"。勒菲弗尔（André Lefevere）曾指出，只要翻译文学在早期取得了某种程度的经典化，新的选集就会接受这些正在出现的经典，并试图颠覆或扩大这些经典[2]。《哥伦比亚文选》正是这样一部试图扩展中国文学定义并颠覆中国文学经典作品的文选，在编者梅维恒的主体性视野之下，中国文学经典在英语世界实现了重构。

一、《哥伦比亚文选》对"中国文学"定义之拓展

《哥伦比亚文选》对中国文学经典的重构首先体现在它对文学经典的拓展。该文选致力于祛除狭隘意义上的纯文学概念，力图对"中国文学"的定义进行延拓和扩展。梅维恒指出，在编选过程中，最棘手的问题是"界定什么是中国文学，什么不是中国文学"（what is Chinese literature and what is not）。在梅维恒看来，正因为传统意义上中国文学的定义过于狭隘，而我们"现在拥有的中国传统文学图景是残缺的"，因此其编选原则"并不局限于最狭隘意义上的纯文学（belles-letters）……文学被视为广泛意义上的生动而充满想象力的作品……只要具有美学的特质或真正的情感上的吸引力（除了它原本的目的之外），就可以称之为文学。这部选集说明了不同样式的文本都有可能被视为文学"[3]。可以看出，梅维恒尤为看重文学的审美特质，并试图在选集中赋予"中国文学"尽可能广义的色彩，从而拓宽中国文学经典的固定范畴。因此，文选不仅收入了正统的诗

1　Victor H. Mair, ed., *The Columbia Anthology of Traditional Chinese Literature*, New York: Columbia University Press, 1994: back cover.

2　André Lefevere. Translation, *Rewriting and the Manipulation of Literary Fame,* Shanghai: Shanghai Foreign Language Education Press, 2005, pp.126-127.

3　Victor H. Mair, ed., *The Columbia Anthology of Traditional Chinese Literature*, New York: Columbia University Press, 1994, p.xxiii.

歌、散文、小说、戏曲作品，还收入了众多在它之前从未进入选集的作品，例如前言和后记、契约、笑话、敦煌变文、八股文、佛教故事、口头文学等各种亚文学体裁，带有明显的"跨学科"性质。

（一）对通俗文学的选译体现了拓展"中国文学"定义的努力

文选中收入了大量从原生态的说书故事衍生出来的各类通俗文学作品。中国的小说和戏曲正是从口头文学和表演艺术中获取养分的。因为正是有了民间文学和通俗文学，中国文学传统"才始终充满了活力与青春，免于僵化与衰老"[1]。

文选对通俗文学的选译正体现了编者拓展中国文学定义的努力，而这一努力又集中体现在文选的最后部分"口头文学和表演艺术"。该部分以两篇变文开头。变文是唐代兴起的口头文学，最初是寺院里以通俗语言解说佛经的俗讲，后来内容扩大，也演唱历史故事和民间传说。梅维恒在该部分选入了《大目乾连冥间救母变文》和《舜子至孝变文》。这两篇变文极好地说明了中国人怎样把看似不孝的佛教观念转化为深厚的尽孝教条，是对中国"孝"文化的生动阐释。接下来是两篇诸宫调，诸宫调是中国宋、金、元时期的一种大型口头艺术。梅维恒选入了《刘知远诸宫调》中的《知远别三娘太原投事第二》与董解元的《西厢记诸宫调》。后者在元稹《莺莺传》的基础上写作而成，是中国古代优秀的口头文学作品，对元杂剧《西厢记》的创作影响很大。再接下来选入的是13、14世纪的平话。平话是话本体裁之一，指的是只说不唱的平铺直叙的话本，后来演变成了小说。该部分选入了《大唐三藏取经诗话》与《武王伐纣平话》。前者是小说《西游记》的雏形，后者则演变为小说《封神演义》。"戏剧"部分选入了四部杂剧，包括《布袋和尚忍字记》、《窦娥冤》、《琵琶记》以及《荔镜记》。该部分最后是三部南戏，选入了《牡丹亭》、《桃花扇》以及昆曲《思凡》。

在选集中受到重视的通俗文学还包括佛经文学。例如，鸠摩罗什翻译的《法华经》第三章被胡维兹（Leon Hurvitz）翻译成英文，收入在选集中；梅维恒则自译了玄奘的《金刚经》第99章。英译文既有散文（长行）叙述，又有韵文（偈）

---

[1] Victor H. Mair, ed., *The Columbia Anthology of Traditional Chinese Literature*, New York: Columbia University Press, 1994, p.xxvi.

概括地复述。选集中另一个颇具特色的是唐天竺三藏宝思惟（Ratnacinta）译的一组咒语，由奥泽奇（Charles D. Orzech）译成英文。佛经文学对中国文学产生了重要的影响，却极少被纳入中国文学选集之中。《哥伦比亚文选》将汉译佛经看成是中国文学的经典，并将之译为英文，试图使之成为英语文学中的经典。这就涉及翻译文学经典化之后再次被翻译与经典化的问题，为扩展中国文学在英语世界的影响作出了贡献。

（二）对文论的选译突出了"文学性"的重要性

国内的中国文学选集，几乎都没有将文论作品纳入其中。例如，郭预衡主编的《中国古代文学作品选》以诗文为主，小说、戏曲为辅，凸显的是中国传统文学一向以诗文为正宗，以小说戏曲为旁支的文学理念，并没有纳入任何文论作品。袁行霈主编的《中国文学作品选注》尽管在选材方面有较大突破，仍然没有选入任何文论作品。与之形成对照的是，《哥伦比亚文选》专辟一节"文论批评"，汇录的作品包括《诗大序》、陆机的《文赋》、萧统的《文选序》、谢赫的《古画品录》、严羽的《沧浪诗话》、元好问的《论诗绝句》等。在一部中国文学选集中选入如此多篇幅的文学批评理论，并不常见，但是梅维恒指出，这十分重要和必要，有助于西方人了解中国人怎么看待自己的文学传统[1]。有学者认为，该选集说明，"在西方的中国文学整体图景之中，中国文论已占据了自己特有的位置"[2]。

在笔者看来，西方学者将中国文论作品纳入文选，可能主要基于以下两个方面的考虑：第一，选集中所选文论篇目是中国文学思想的奠基之作，将它们与文学作品并置，体现了文学的整体性意识；第二，这些文论作品本身具有文学性，可以视为文学作品进行阅读。而中国学者未将文论作品纳入文选，则可能涉及学术习惯的问题。国内的文学研究向来将文学和文论分得较为清楚，而国外学者没有这样的负担，将文论首先视为文学作品；从另一个角度来说，这种文本选择的

1　Victor H. Mair, ed., *The Columbia Anthology of Traditional Chinese Literature*. New York: Columbia University Press, 1994, p.xxvi.
2　陈引驰、李姝：《鸟瞰他山之石——英语学界中国文论研究》，载《中国比较文学》，2005年第3期，第142页。

差异在某种程度上反映了中外学者对文学和文学性的不同看法。国内大学的文学概论、古代文论、古代文学等教材和课程告诫学生要将"文学批评"和"文学创作"严格区分开来，各种学术刊物也用统一的标准定制"文学批评"的写作方式。而西方学术却在后现代的语境下开始重新重视"文学性"，正如有学者指出的，"自德里达以来西方学界文学话语或文学性成分对非文学领域的渗透乃至统治毕竟是有目共睹的事实"[1]。再加上中国古代文学批评文体从体制、体势、体貌等不同层面铸成了古代文论批评文体的文学性，因此在西方学术语境下看重"文学性"的汉学家们将文论作品选入文学作品集，是有理可依的。这也为中国学者编撰文学作品集提供了另一个思路。

二、《哥伦比亚文选》对中国文学经典之突破

《哥伦比亚文选》对中国文学经典的重构不仅体现在对文学经典的拓展，还体现在对文学经典的大胆突破。文选致力于突破和颠覆传统思维下的经典观念，力图对中国文学经典进行重新发掘与阐释，从而为西方读者展示中国文学图景的真实面貌。在梅维恒看来，"那些只强调标准文类和经典作家的文集编选者和文学史家为我们塑造了错误的中国文学图景……这部选集选择的是那些能够反映中国社会各个阶层和各个区域的人们的所思、所感、所为的各种作品，同时也不回避那些最精深复杂、文雅深奥的作品，因为它们是中国文化中不可或缺的重要部分"，因此，"在某种程度上说，这是一部打破经典的选集"[2]。文选对经典的突破主要体现在对地方文学与少数民族文学的编译。

（一）对地方文学与方言文学的选译彰显了"次文化"对经典的冲击

佐哈尔曾指出，任何系统中的经典化形式库，如果没有非经典化的挑战者与之竞争并常常威胁着要取而代之，如果没有"次文化"，例如流行文学、流行艺术等，或

---

[1] 李建中：《古代文论批评文体的文学性生成》，载《三峡大学学报》（人文社会科学版），2006年第4期，第23页。

[2] Victor H. Mair, ed., *The Columbia Anthology of Traditional Chinese Literature*, New York: Columbia University Press, 1994, pp.xxiii-xxiv.

者不容许"次文化"对经典文化施加真正的压力,就不大可能有富于生命力的经典文化[1]。梅维恒正是从次文化和边缘文化着手,在英语世界重构中国文学经典。

梅维恒提出,中文包含了不同的种类,例如客家语、广东话、北京话、文言、现代标准普通话等,因此由这些语言写成的文学作品,尤其是地方文学与方言文学作品,也应该涵盖在一部中国文学选集中。因此,文选收入了梨园戏代表作之一《荔镜记》(闽南语)、招子庸编写的广东民歌《粤讴·嗟怨薄命》(粤语),等等。梅维恒认为,这些作品反映了浸染于中国传统并植根于日常生活的真正审美,因此它们比陈腐的诗卷具有更为真诚的特质,而并非是对唐诗宋词永无止境的模仿。对此,中国学者单德兴也曾明确提出过这样的问题:"何谓'Chineseness'?是血缘的、文化的、历史的、政治的、法律的?由谁依何种方式来认定?是本质论的(essentialist)、建构论的(constructionist)、或策略式本质论的(strategically essentialist)?其复杂但就'Chinese'一词可能的不同翻译便可看出:就人来说,究竟是中国人、华侨、华裔、华籍或华人?就语言来说,究竟是国语、官话、普通话、华文/华语或汉语?其中有无中心?何谓边缘?彼此的关系如何?"[2]可以说,《哥伦比亚文选》在某种程度上回答了这些问题。编者在浩瀚如海的中国文学中为读者提供各式各样的代表性文本,在尽量满足读者的不同兴趣时,为那些对中国文学带有成见的人带来惊喜和愉悦,并展示中国文学鲜为人知的一面。

(二)对少数民族文学的选译有利于中国文学史的书写

以往文学史强调的往往是经典大师的贡献,而20世纪80年代末以来,文学史研究则对经典的权威性提出了质疑,在中国语境内兴起了一股"重写文学史"的热潮,诸多被忽略的文类被重新发现,文学史也得以重新评判。

在选集中,梅维恒选入了维吾尔族典籍《福乐智慧》、藏族史诗《格萨尔》、蒙古族重要著作《蒙古秘史》,以及六世达赖喇嘛仓央嘉措的情歌等等,用以展示少数民族在中国文学传统的发展中所起的重要作用。以汉学家柯立甫

---

1 伊塔马·埃文-佐哈尔:《多元系统论》,张南峰译,载《中外文学》,2001年第3期,第25页。
2 单德兴:《铭刻与再现:华裔美国文学与文化论集》,台北:麦田出版,2000年,第70页。

（Francis Woodman Cleaves）英译的《蒙古秘史》片段为例。《蒙古秘史》的畏吾体蒙文原文早佚，流传至今的最早形态是14世纪末出自明朝翰林院的汉字音写本，即以当时的汉字拼写原书蒙古文发音并附有旁译和总译的一个特殊读本。这种特殊的现象是因为在1368年至1404年间汉语白话文翻译的存在。这个白话文版本是官方《元史》的基础。这篇作品的入选是为了证明，中国文化是多民族文化的融合，而非像一些汉族中心主义者认为的那样，是一个孤立的个体。

中国是一个由56个民族组成的大家庭，各民族的文学文化异彩纷呈，民族典籍浩如烟海，因此，少数民族文学文化典籍的整理与翻译（包括汉译与外译）对于中国多元文化的构成与对外传播有着不可或缺的重要意义。然而，我国民族文学文化典籍的翻译研究长期处于边缘的学术地带，少数民族一些极为重要的文学作品没有得到应有的重视。近年来，此种情况日益得到改善，国内翻译学界越来越重视民族文学典籍的翻译与研究。例如，对蒙古族历史巨著《蒙古秘史》的不同汉译本进行比较研究，对其英译史和代表译本等进行综合考查，对其法德译本等进行互补考察，等等[1]；对维吾尔族典籍《福乐智慧》的英译问题进行探讨[2]；2008年度国家社科基金西部项目"壮族典籍英译研究——以布洛陀史诗为例"对壮族史诗《麽经布洛陀》进行英译与研究，翻开了壮族典籍以至中国少数民族典籍英译的新篇章，标志着中国典籍英译进入了一个新的阶段[3]。值得一提的是，王宏印编著的《中国文化典籍英译》一书，对民族文学的英译给予了特别的关注，纳入了如《蒙古秘史》等一些典型的民族文献的英译，尝试以汉族文献为主，兼顾其他民族文献的多元文化格局。

1　可参见王宏印、邢力：《追寻远逝的草原记忆：〈蒙古秘史〉的复原、转译及传播研究》，载《中国翻译》，2006年第6期，第24—29页；哈图卓日克：《三重翻译树起的丰碑——〈蒙古秘史〉汉字本简析》，第18届世界翻译大会光盘版《论文集》；阿拉坦：《从〈蒙古秘史〉复译看翻译原则的普适性》，第18届世界翻译大会光盘版《论文集》；等等。

2　可参见王宏印、李宁：《民族典籍翻译的文化人类学解读——〈福乐智慧〉中的民俗文化意蕴及翻译策略研究》，载《民族文学研究》，2007年第2期，第115—122页。

3　有关该项目的英译与研究情况，可参见卓振英、李贵苍：《壮族典籍英译的新纪元——试论壮族〈麽经布洛陀〉英译研究》，载《广西民族研究》，2008年第4期，第166—168页；黄中习、陆勇、韩家权：《英译〈麽经布洛陀〉的策略选择》，载《广西民族研究》，2008年第4期，第169—173页。

以上分析的这些选文，中国本土编辑的文学选集将之选入的很少。以袁行霈主编的《中国文学作品选注》为例，入选的有一篇敦煌变文、两篇宋元话本、一篇诸宫调和一部南戏，少数民族文学和佛经文学在选集中未见踪影。袁行霈的这一文选代表了国内现今中国文学作品选最新的成果，"无论选篇的精当、体例的讲究，还是校注的详赡准确；也无论是对传统评点资源的借鉴，还是对最新研究成果的吸收，都不失为一部雅俗共赏、融学术性与知识性为一体的选本"[1]，然而，从以上分析的《哥伦比亚文选》来看，在区域文学、少数民族文学和通俗文学方面，我国本土编辑的文选仍有值得进一步深化和扩展的空间，正如梅维恒所指出的："对于构建未来的中国文学的学者来说，再现重要的地方文学和区域文学具有极其重大的意义……我们需要重新整理中国文学的整个文库，不管作品是在哪里找到的，都应该用多元性的眼光而非单一性的视角去看待它。"[2]

三、余论：经典重构的意义与局限

综合而言，梅维恒的英译选集在中国古典文学的译介史上具有重要意义，它在文选编排上极大地体现了编者在重构中国文学传统时所能发挥的主体性作用，这种努力也获得了很大的成功。编者力图摆脱西方意识形态操控，对中国古典文学进行本土式的理解与诠释，用打破经典的《哥伦比亚文选》向英语读者展示了中国文学广博而陌生的一面，提醒我们应当用多元性的眼光而非单一性的视角去看待中国文学，否则具有中国特色的作品就有可能被国际文化所吞没。尤其是中国的通俗文学、地方文学和少数民族文学，它们拥有鲜活的生命力，因此对于构建未来的中国文学选集的学者来说，再现重要的地方文学和区域文学具有极其重要的意义。

当然，同样值得注意的是，由于过分依赖编者个人的艺术品味和美学诉求，选集为了打破经典而特意制造"反经典"，因此抛弃了众多翻译文学的经典之作，并且选入了诸多即使是中国本土读者亦不熟知的生僻作品。由于这类文选通

---

1 刘怀荣：《文本与说解结合 艺术并教学同步——评〈中国文学作品选〉》，载《书品》，2009年第1期，第51页。
2 Eugene Chen Eoyang and Lin Yao-fu, eds., *Translating Chinese Literature*, Bloomington and Indianapolis: Indiana University Press, 1995, p.254.

常用作英语读者学习中国古典文学的教科书或入门读物，因此读者不一定能够意识到文选所构建的中国文学传统主要是基于编者独特的个人视野，也因此难免在某种程度上"矫枉过正"，让英语读者难以接近中国文学的真实面貌。然而，尽管存在一定的局限性，《哥伦比亚文选》对中国文学在英语世界的译介与传播所作出的贡献是毋庸置疑的，同时，对于我们翻译文学作品、编选文集、撰写文学史，也有十分有益的启示作用。这部文选远非中国文学选集的盖棺之作，但是它可以将我们导向一片崭新的空间。

Re-canonization of Classical Chinese Literature: A Study on the Columbia Anthology of Traditional Chinese Literature

Chen Cheng

Abstract: *The Columbia Anthology of Traditional Chinese Literature* edited by American sinologist Victor H. Mair is one of the representative English translation anthologies of classical Chinese literature. The anthology tries to break through the belles-letters in a narrow sense in order to broaden the concept of Chinese literature; meanwhile, it attempts to overthrow the traditional concept of classics in order to show the panorama of Chinese literature. In spite of its limitation, it offers a useful reference for the future translation anthology.

Key words: *The Columbia Anthology of Traditional Chinese Literature*; Victor H. Mair; Re-canonization

美国文化发展中的汉风传统*

朱 骅**

摘 要：汉风是17—18世纪间流行于西方社会文化生活中的一种泛中国崇拜思潮，对美国文化发展亦产生深刻影响。早期美国上流社会以消费与占有中国工艺品为荣，通过艺术品呈现的文化图景认知中国，进而影响了美国文学创作的东方想象与题材选择。另一方面，中国思想典籍通过法国重农学派间接影响美国的早期领袖，并在译介过程中影响了爱默生、梭罗、庞德等美国思想史上的重要人物。

关键词：汉风　重农学派　超验主义　新诗运动

"汉风"(chinoiserie)是17—18世纪间流行于西方社会文化生活中的一种泛中国崇拜的思潮，它既指一般意义上西方人对中国地理人文的热情，又特指艺术生活中对所谓中国风格的追慕。这股潮流开始于1650年前后，1750年前后达到高潮后衰退。从孔夫子的道德哲学到瓷器、丝织品、茶叶、中国的装饰风格、园林艺术、诗歌、戏剧等等，一时都进入西方人的生活，成为他们谈论的话题、模仿的

Beauvais，《皇帝出巡》系列，壁毯

---

* 基金项目：本文系上海海洋大学博士科研启动基金"美国东方主义独特性研究"的中期成果。
** 朱骅（1970—），上海海洋大学外语学院副教授，文学博士，美国加州大学和佛罗里达大学访问学者，主要从事美国族裔文学、中美跨国书写、美国东方主义和跨国主义理论研究。通信地址：上海市临港新城沪城环路999号，上海海洋大学外语学院（邮编 201306），电子邮箱：hzhu@shou.edu.cn。

对象与创造的灵感。[1] 著名的中国形象研究学者周宁将欧洲文化中的这一潮流译为"中国潮",以显示影响的广度与深度,并对这一传统作了非常重要的历史梳理。本文拟在周宁的研究基础上探讨汉风传统对美国文化的影响。从文化史的演进来看,汉风作为精英文化的一部分,在美国多元文化发展中有着清晰的脉络。

一、生活中的汉风趣味

中国文化对北美的最初影响主要通过从广州出口的商品,这已成为美国学界的共识。[2] 美国建国后第二年,即1784年(乾隆四十九年)8月28日,第一艘商船"中国皇后"(Empress of China)号就驶抵广州,揭开中美关系史的序幕。事实上,在美国的快速帆船首次驶入中国领海之前,北美殖民地早已享用从欧洲转口

布雪,《中国公园一景》,油画

1　周宁:《世纪中国潮》,学苑出版社,2004年,第1页。
2　Carl Crossman, *The China Trade,* Princeton: Pyne Press, 1972.

的中国商品，大量"南京棉布"(nankeen)的输入开创了美国衣料史的新时代。[1]中国的丝绸、染料、瓷器等极大地改变并丰富了早期美国人的生活。从18世纪中期开始，茶成为一种社交饮品，饮茶的礼仪和饮茶的器具被赋予了某种仪式性，中国釉彩茶具成为社会地位的象征。1773年12月16日，揭开美国独立战争序幕的"波士顿倾茶事件"中的那艘商船就是刚从中国厦门运送茶叶到达北美的英国船。

与此同时，汉风装饰风格开始在富裕阶层风行，也可以说是对欧洲品味的继承。19世纪中叶之前的美国人购买了大量从欧洲进口的汉风特色的齐本达尔(Chippendale)家具[2]，并将"汉风"应用到建筑和园林设计中。[3]费城附近的克罗伊登镇(Croydon)在1796年建造了一栋别具一格的中式房屋，取名为"中华隐地"(China's Retreat)，成为中美交流史的一座地标，直到1970年才撤除。该建筑使用宝塔顶，飞檐风铃，庭院内有佛塔、池塘、小桥、溪流、林木和中国人像，室内全部使用进口中国家具，装饰的全是中国绘画，所有佣人全部是华人，令人仿佛置身中国。[4]在19世纪前半叶，弗吉尼亚州沿詹姆士河的几乎所有别墅中都可以看到中国物品与中国风格的装饰，在费城、波士顿、塞勒姆等港口城市的商人家庭中，汉风的装饰和物品则更为普遍。[5]这种对中国审美风格的迷恋的原因，在美国学者哥尔斯坦看来，主要由于当时人们"对起支配地位的巴洛克和古典模式感到不满，希望通过引进新颖奇特的中国商品和风俗习惯来排遣他们胸中

---

[1] Ping Chia Kuo, "Canton and Salem: The Impact of Chinese Culture Upon New England Life During the Post-Revolutionary Era," *The New England Quarterly*, vol. III, 1930, pp. 426-427.

[2] 18世纪英国著名家具设计师汤姆·齐本达尔（Tom Chippendale）和海普尔·华特（Heppel White）模仿中国式样设计和制造的家具，采用上等福建漆，绘刻龙、塔、佛像和花草图案，使18世纪的英国家具成为齐本达尔时代。

[3] Clay Lancaster, "Orientali Forms in American Architecture 1800—1870," *The Art Bulletin*, Vol. 29, No. 3 (September 1947), pp.183-193.

[4] Edward Barnsley, *History of China's Retreat*, Bristol: Bristol Printing Company, 1933.

[5] Jonathan Goldstein, "Cantonese Artifacts, Chinoiserie, and Early American Idealization of China," in Jonathan Goldstein et al. eds., *America Views China: American Images of China Then and Now*, Bethlehem: Lehigh University Press, 1991, p.46.

那种古典主义乏味感。"[1]

"汉风"工艺对美国的"中国认知"产生直接而复杂的影响。瓷器、丝绸、漆器的制造方式是当时的西方所未知的，而精良的质地、令人叹为观止的技艺和昂贵的价格使中国与新奇、奢华、高贵等概念相联系，继而被神秘化；其次，瓷器、漆器、扇面、布料、牙雕、木刻等商品上描画的令人眼花缭乱的中国图景，那些神奇的民间传说、天人合一的山水画、富饶喜庆的民俗生活、平静安康的田园风光、纷繁别致的情趣园林等，为欧美人想象中国提供了某种具象的支持。这个精雅又总是田园意境的(bucolic)中国和现实的中国几乎没有什么关联，但正是这些画面形象成为美国人对中国认识的一部分并且长期存在。[2] 不断有诗人或艺术家到这些汉风艺术品中寻找灵感，例如林赛（Vachel Lindsay, 1879—1931）以中国挂毯图案为原型创作的长诗《中国夜莺》（*The Chinese Nightingale: Story on Chinese Tapestry*, 1915），庞德（Ezra Pound, 1885—1972）以中国屏风图案中的潇湘晚景为原型创作的《诗章·七湖》（*Canto 49: For the Seven Lakes*），皆美轮美奂，意境非凡。

二、思想中的汉风影响

汉风艺术所呈现的这个工艺水平高于欧美，人民生活淡定富足的东方古国必然吸引西方知识界探究形成这一切的思想文化根源，美国的思想先驱们亦不例外。出于探索建设新国家的目的，不少人对中国古典思想产生兴趣，富兰克林（Benjamin Franklin, 1706—1790）是其中的代表。1725年他在伦敦读到一本《孔子的道义》（*The Morals of Confucius: A Chinese Philosopher, Who Flourished above Five Hundred Years before the Coming of Our LORD and Savior Jesus Christ*, 1691），对此爱不释手，将书中一些他感兴趣的段落陆续刊登在他主办的《宾夕

1　Jonathan Goldstein, *Philadelphia and the China Trade, 1682-1846,* Philadelphia: Pennsylvania University Press, 1978, p.19.

2　H. A. Crosby Forbes, "The American Vision of Cathay," *Nineteenth Annual Washington Antiques Show 1974* (catalog), pp. 51-54.

法尼亚公报》（*Pennsylvania Gazette*）上。[1] 他和几位早期总统都受法国重农主义思想（physiocracy）的影响，对中国的经济思想也表现出特别的热情，试图汲取经验，将北美建立成一个自耕农的理想国。富兰克林认为，获取财富的正常方式唯有诚实的农业劳动，此外乃非正常的"战争"、"抢劫"或"欺骗性贸易"。[2] 这和孟子的农业思想相当一致，即"无恒产而有恒心者，唯士为能。若民，则无恒产因无恒心。苟无恒心，放辟邪侈，无不为己"。杰斐逊（Thomas Jefferson, 1743—1826）认为，农耕者是"上帝的选民"，应该大力发展农业，通过自然演进道路发展作为农业之"仆人"的手工业、家庭制造业和商业，反对发展工厂式制造业，[3] 这和先秦农家学派的思想也较为接近。《吕氏春秋·上农》开篇："民农则重，重则少私义，少私义则公法立，力专一。民农则其产复，其产复则重徙，重徙则死其处而无二虑。""民舍本而事末则不令，不令则不可以守，不可以战。民舍本而事末则其产约，其产约则轻迁徙，轻迁徙则国家有患，皆有远志，无有居心。民舍本而事末则好智，好智则多诈，多诈则巧法令，以是为非，以非为是。"虽无直接证据表明他们读过《孟子》或《吕氏春秋》，但他们经由法国重农学派而受到的间接影响却是显而易见的。

此外，19世纪前半叶是美国争取在各方面独立于欧洲的时代。美国历史学家特纳（Frederick Turner, 1861—1932）指出："边疆不断地向西部推进，就意味着逐渐离开欧洲的影响，逐渐增加美国独有的特点。"[4] 这里的美国化显然不是通过推进边疆而"印第安化"。对于爱默生（Ralph Waldo Emerson, 1803—1882）等思想家来说，既要背离欧洲，又要拒绝土著，第三条道路就是转向东方。

然而，后启蒙时代的爱默生并不喜欢现实的中国，认为这是专制与停滞的代表[5]，可这并不妨碍他对儒家经典的热情。从1836年开始阅读乔舒亚·马士曼

1　*Pennsylvania Gazette,* from February 28 to March 7, 1737.

2　Benjamin Franklin, *Benjamin Franklin Writings,* New York: Library of America, 1987, pp.643-645.

3　Thomas Jefferson, *Thomas Jefferson Writings,* New York: Library of America, 1984, pp. 290-291.

4　Frederick Jackson Turner, "The Significance of the Frontier in American History", (1893) *in Frontier and Section: Selected Essays of Frederick Jackson Turner,* Englewood Cliffs: Prentice-Hall, Inc., 1961, p. 39.

5　Ralph Waldo Emerson, *The Journals and Miscellaneous Notebooks,* Vol. 2, Cambridge: Harvard University Press, 1960-1970, pp. 228-229.

（Joshua Marshman, 1768—1837）翻译的《孔子著作》（The Works of Confucius）起，直至晚年一直对儒家典籍情有独钟。1839年他谈到心目中的伟人，孔子被列在第二位。[1] 他甚至在1845年的日记中写道："孔子，民族的光荣。孔子，绝对的东方圣人。他是个中间人。他是哲学中的华盛顿、仲裁人，现代史中的中庸之道。"[2] 他将传教士高大卫（Rev. David Collie, ?—1828）翻译的《中国经典：通称四书》（The Chinese Classical Work, Commonly Called the Four Books）称为"我的中国书"，并选择数十条语录刊登在《日晷》（The Dial）杂志中。他晚年读到英国汉学家理雅各（James Legge, 1815—1897）译注的《中国典籍》（The Chinese Classics: with a Translation, Critical and Exegetical Notes, Prolegomena, and Copious Indexes, 1861—1872），尤为钟爱。[3]

如果细察爱默生的思想体系，可以看出其"超灵"（oversoul）思想和孔子的"天人合一"理念存在一定程度的共通性。孔子的"天"并不指另一个世界，也不是人格化的上帝，而是一种神秘无形的力量，独立于人的意志之上，人只有顺乎天，努力在天与人之间达致和谐，即达到"合一"的境界。这个"一"在爱默生所读的高大卫的《四书》译本中译作"unity"（统一体），这应该给了爱默生很大的启发。他所提出的"超灵"是统辖宇宙的、独立于人之上的唯一意志，一种至高无上的心灵（soul）。他在论述人与"超灵"合为一体的"妙悟时刻"（moment of ecstasy）时写道："站在空地上，我的头沐浴着清新的空气，上升到无垠的太空。——所有卑鄙的自我都消失殆尽。我变成一只透明的眼球，我是乌有，我看见了一切。上帝的血液在我的周身循环，我是上帝的一部分和一分子。"[4] 此外，钱满素先生认为爱默生和孔子的道德准则在尚志、义重于利、自立反省、和谐宁静这四个方面也存在共性，[5] 这在爱默生的著作《论自然》（Nature）和《论自立》（Self-Reliance）中有很清晰的展示，在此不一一列举。

---

1 常耀信：《爱默生与孔子》，载《美国文学》，1985年第2期，第143页。

2 Ralph Waldo Emerson, *The Journals and Miscellaneous Notebooks*, Vol. 9, Cambridge: Harvard University Press, 1960—1970, p. 318.

3 钱满素：《爱默生与中国》，三联书店，1996年，第64页。

4 Ralph Waldo Emerson, *Nature*, Boston & Cambridge: James Munroe & Company, 1849. p. 8.

5 钱满素：《爱默生与中国》，第124—131页。

尽管爱默生的超验主义理论与孔子思想有许多契合之处，但爱默生并不全然接受儒家思想中的一切，儒家的忠孝和等级观念并没有获得他的赞同。爱默生之所以对儒家思想感兴趣，可能基于三个主要原因。一是争取美国思想文化独立的需要。为了进行自我文化创新而从非基督教的传统中寻求灵感。二是儒家思想主张知识分子参与政治和社会改革。爱默生的传记作家拉斯克指出，爱默生随着年龄的增长越来越关心现实政治，由此对讲究实际的中国哲学产生兴趣[1]。三是孔子提出的修身养性、以德为纲的主张和爱默生的思想倾向较为一致。爱默生提出的个人成就带来整个社会振兴的观点和孔子提出的"人能弘道，非道弘人"思想较为接近。爱默生将儒家思想从中国的历史与社会结构中抽离出来，实际上以自己的思想体系肢解了儒家哲学体系。

美国思想中另一个有影响力的人物梭罗（Henry David Thoreau, 1817—1862）也受到儒家较多的影响。他曾负责《日冕》杂志中的"儒家思想"专栏，孔子的精辟话语被摘录出来登在杂志上，共达40余条。梭罗在代表作《瓦尔登湖》（Walden）里，十多次引用《论语》、《中庸》等儒籍中的语录，他对过度追求物质生活的美国人大声疾呼："简朴，简朴，再简朴！简化，再简化！"[2]这本书的基本思想，与孔子的"饭疏食饮水，曲肱而枕之，乐亦在其中矣。不义而富且贵，于我如浮云"（《论语·述而》），以及"一箪食，一瓢饮，在陋巷，人不堪其忧，回也不改其乐"（《论语·雍也》）所表达的思想一脉相通。[3]可以说，梭罗受启于孔子重精神追求、轻物质享受的思想，并把这部分思想融入到自身的行为实践和对人与宇宙关系的反思中。

20世纪的庞德不仅是一个重要的诗人，更是一个思想者。他的中国题材诗歌最重要的部分来自他所接受的儒家思想影响。他不仅译介《论语》、《诗经》、《大学》等儒家典籍，而且他的代表作《诗章》（Cantos）中有大量篇幅和儒家的历史观相关，其中的《中国史诗章》部分（Chinese History Cantos，50—61），以朱熹的《通鉴纲目》为蓝本，基本上把中国历史叙述了一遍，对中国史

---

1 Ralph L. Rusk, *The Life of Ralph Waldo Emerson*, New York: Charles Scribner's Sons, 1949, p. 299.
2 梭罗：《塞尔·梭罗集》（上、下），陈凯等译，三联书店，1996年，第445页。
3 常耀信：《美国文学史》（上），南开大学出版社，1998年，第262页。

规律的总结，即儒兴则国兴，儒废则国废的观点，与儒家正史编撰者完全一致；共计14章的《王座》（*Thrones*, 96—109），将康熙作为心目中的圣贤君主歌颂。从某种意义上说，儒家思想被庞德作了彻底的文本化理解，同时也被彻底诗化为普世秩序。

美国大众层面的汉风趣味典型地体现在20世纪30年代林语堂的《吾国吾民》（*My Country and My People*, 1935）和《生活的艺术》（*The Importance of Living*, 1937）在动荡的世界局势下成为西方畅销书。林语堂避开了系统严谨的中国思想史阐述，而是借鉴传教士明恩溥（Arthur H. Smith, 1845—1932）的《中国人的特性》（*Chinese Characteristics*, 1894）的书写手法，从"中国之人民"、"中国人之德性"、"中国人之心灵"、"中国人之人生理想"、"妇女生活"、"社会生活和政治生活"、"文学生活"、"艺术生活"、"生活的艺术"等九个部分，以培根式的小品文手法呈现古典思想和中国人（精英阶层）生活之间的关系，儒释道等思想成为人人可以借鉴的在乱世中安身立命的生活智慧，从而受到西方中产阶层的赞赏。

三、文学中的"汉风"流韵

中国在19世纪后期的美国俗文学中是非常具体的种族主义题材，以各种反华歌谣、黄脸戏、廉价小说的形式流行，但在文人的雅文学中则是非常有趣的异国情调题材，是转变成文字的瓷器、屏风、挂毯等工艺品上飘渺的图画，或者以欧洲的汉学译本为基础展开的异域想象，是欧洲汉风的余韵。以著名诗人朗费罗（Henry Wadsworth Longfellow, 1807—1882）为例，他的《各地方之诗》（*Poems of Places*, 1876—1879）有一组专门写中国，如《罕巴鲁》（*Kambalu*, 1864）、《人民的声音》（*Vox Populi*, 1970）、《瓷器》（*China Ware*, 1977）等，呈现的是欧美关于华夏（Cathy）的种种或浪漫或恐惧的传说。另一位名诗人斯托达德（Richard Henry Stoddard, 1825—1903）也对文本中国产生兴趣，甚至转译法德两国汉学家的译本，倾向于译出浓烈的异国风情，近乎再创作。

汉风在美国文学中最显著的影响体现在20世纪初的新诗运动中，促使美国诗摆脱维多利亚诗风而进入真正的美国诗时代，并由此引领西方的诗歌发展。影响首先表现为汉诗英译热潮。埃米·罗厄尔（Amy Lowell, 1874—1925）用"拆字法"与佛罗伦斯·埃斯库（Florence Ayscough, 1878—1942）合译了中国诗集《松花笺》（*Fir Flower Tablets*, 1921）；威特·宾纳（Witter Bynner, 1881—1968）和江亢虎合译了《玉山》（即《唐诗三百首》）（*The Jade Mountains*, 1928）；庞德以东方学家费诺罗萨（Ernest Fenolloso, 1853—1908）的笔记为基础选译出《华夏集》（*Cathay*, 1915）；其他美国诗人也以各种方式译介汉诗和中国诗人。其中庞德的《华夏集》被学界公认为影响最大的经典译作。对于这本半翻译半创作的诗集，著名诗评人雷克斯洛斯（Kenneth Rexroth, 1905—1982）认为，"《华夏集》是20世纪最佳的一打左右诗作之一"。[1] 译者们追求汉风情调的努力从这些诗集所取的名字中就可以一目了然。且不说"松花笺"、"玉山"这些汉风意韵浓郁的词汇，即使"华夏"（Cathay）这个地理名词也是一种诗化的努力。自从《马可·波罗游记》在西方流行之后，cathay作为一个指代遥远神秘富庶的中国的词就流行开来，[2] 但人们在指称现实中国时只用China。庞德并没有翻译费氏笔记中的全部中国诗，只选择了最符合其诗学理念的中国诗，营造了一种以悲愁气氛为主的，符合西方现代主义审美趣味的汉风意蕴。

　　新诗运动的诗人们不仅争相翻译中国诗，不少人还写汉风外露的中国题材诗。这其中最为典型的如贝尼特（William Rose Benet, 1886—1950）的长诗《华夏归来的商人》（*Merchants from Cathy*, 1913）和《白色长城》（*The Great White Wall*, 1916），点缀着大量音译中国地名和事物名称，景象华丽。林赛的《中国夜莺》是中国题材诗中写得最好的，"这首诗满足了他对色彩和东方式华丽的渴望"。[3] 夸张的"中国形象"和典型的"中国词汇"，尤其是直译进英语的中国习语和中国式的比喻，被当作最好的装饰来显示汉风情调，以至于这类诗歌被普

1　Kenneth Rexroth, *Assays,* New York: New Directions, 1961, p. 125.
2　Cathay本指契丹（Khitan），马可·波罗按照当时蒙古人对中国的种族划分，将北方称为Catai（契丹），将南方人称为mangi（蛮子），Catai经过欧洲各种语言的转译，其拼写在英语中从Cathaye, Cataya, Cathaia等逐渐简化为现在的Cathay。
3　Babette Deutsch, *Poetry in Our Time, a Critical Survey of Poetry in the English-Speaking World, 1900—1960,* Garden City, N. Y.: Doubleday, 1963.

拉兹（Mario Praz, 1896—1982）批评为"感官外化"。[1]

一直被中国现代诗人视为陈旧保守的中国古典诗歌，为何能被20世纪美国诗人看作是批判主流文化的武器？对于这一问题，赵毅衡约略提出三个原因：一是"文化地理学"问题，以东方文化对抗欧洲中心主义的西方文化；二是流传畸变问题，即用英语自由诗翻译的中国诗，已在相当的程度上摆脱了中国旧体诗形式上过于沉重的文化积累；三是模仿中国诗中的"点化"，对中国诗取其一点，为我所用。[2]

除了诗歌以外，美国戏剧也受汉风传统的影响，由于戏剧服饰、舞台布景和灯光等直观手段的使用，工具化和商品化的汉风程度就更深。多数和中国有关的戏剧偏重用想象出的中国场景、音乐和台词玩噱头，远离现实的中国。都文伟在对百老汇有关中国的剧目研究后发现，以传统中国为主题的剧目在数量上大大超过以现代中国为主题的剧目。中国题材戏剧主要出现在两次世界大战之间，倾心于古老的中国及其文化[3]，其中比较著名的有《黄马褂》（Yellow Jacket, 1912）、《中国情人》（Chinese Love, 1921）、《中国灯笼》（Chinese Lantern, 1922）、《爱之火》（Flame of Love, 1924）、《中国玫瑰》（China Rose, 1925）、《中国夜莺》（Chinese Nightingale, 1934）等，单从这些剧目的名字就可以感觉到剧作者追求异域情调，将中国性感化、女性化处理的汉风倾向。帝王、后妃、太子、公主、太监、乡绅、学者等西方想象中的中国特色人物身着奇异装束在舞台上往返穿梭，营造了一种戏剧奇观。其中，哈利·本里默（J. Harry Benrimo）和乔治·黑兹尔顿（George C. Hazelton）根据西方流行的元杂剧《赵氏孤儿》改编的情节剧《黄马褂》影响最大。剧中人物有着隐含寓意的名字，性格阴柔，说着诗化的中国格言警句，台词华丽，情节神话，中国被"汉风化"了。近年在美国舞台上搬演的《牡丹亭》，无论是陈士争导演版，还是白先勇导演版，尤其前者，在服饰、舞美、道具、舞台机关等方面将汉风想象发挥到极致。

在小说创作中，汉风的影响也始终存在，但小说缺乏诗歌和戏剧的浪漫特

1　Mario Praz, *The Romantic Agony*, London: Humphrey Milford, 1933, p. 200.
2　赵毅衡：《诗神远游：中国如何改变了美国现代诗》，上海译文出版社，2003年，第201页。
3　都文伟：《百老汇的中国题材与中国戏曲》，上海三联书店，2002年，第68页。

性，因此汉风题材不如种族主义的"黄祸"题材受欢迎，只是作为组织情节结构的思想基础，或者一种吸引读者的书写策略。比较典型又有一定影响力的主要有米恩（Louise Jordan Miln）的十几部跨国婚恋小说、沃恩（Nora Waln）的《谪园》（*The House of Exile*, 1933）、欧文（Frank Owen）的《江山》（*The Scarlet Hill*, 1941）、米格（Maude Meagher）的《白玉》（*White Jade*, 1930）、莫温（Samuel Mervin）的《丝》（*Silk: A Legend as Narrated in the Journals and Correspondence of Jan Po*, 1923）等。这些作品不乏对中国文化传统的赞赏态度，但又几乎都是在现代性入侵的背景下的文化怀旧，其中的文化对比与反思往往使读者更进一步认同西方现代性的合法性和强大力量。

结 论

汉风所关注的是典雅化、文本化与本质化的古典中国，其基础是农业时代的中国精英文化和艺术创造，其思想特质和生产方式与越来越工业化的欧美文化形成鲜明对比，从而被西方知识精英挪用为思想和艺术革新的工具。法国学者巴柔曾指出，所有的异国形象都源于一种自我意识，它是对一个与他者相比的我，一个与彼处相比的此在意识。异国形象因此表达了存在于两种不同文化现实间能够说明符指关系的差距。[1] 东方为西方的书写者打破西方的禁忌提供了可能性或想象的余地，东方就是西方的反面，不是身边的日常生活，而是迷人的远方，是逝去的花园或重新发现的天堂。汉风的中国崇拜所关注的不是真实的中国，而是西方文化的自我认知，虽然具有文化交流的史学意义，却不能据此推论欧美文化对中国古典文化的臣服，也无法作为佐证反驳东西方之间事实存在的、反映不平等文化政治关系的东方主义。

---

[1] 达尼埃尔-亨利·巴柔：《从文化形象到集体想象物》，见孟华主编：《比较文学形象学》，北京大学出版社，2001年，第121页。

Chinoiserie in American Cultural Development

Hua Zhu

Abstract: Chinoiserie is a pan-worship of China and its culture, prevailing in European social and cultural life in the 17th and 18th centuries, which also finds a position in American cultural development. In early American history, the upper class took pride in consuming and possessing merchandize from China and perceiving China through its craftsmanship and decorative pictures, which in turn shaped the American literary imagination of the orient. On the other hand, Chinese classics with a different philosophical system found their way through physiocracy into the heads of founders of the nation like Benjamin Franklin and Thomas Jefferson, and through translation into Ralph Waldo Emerson, Henry David Thoreau and Ezra Pound.

Key Words: Chinoiserie; Physiocracy; Transcendentalism; New Poetry

美人香骨化车尘*

——论佐藤春夫《车尘集》的编选观

齐 珮**

摘 要：《车尘集》是日本近代以来第一部中国古典诗歌编译集。佐藤春夫的编选意图是祭奠青春、悼亡时代、追怀传统，为此确立了追求诗情的共鸣和语言的韵律两条编选标准。本文从结构编排、作品选择和副文本手段三方面分析了编选特征，在结构编排上以悼亡诗作序跋、以四季流转规律编排作品顺序；在作品选择上，呈现出入选篇目非经典化倾向、诗歌体裁歌谣化倾向；运用副文本手段建构出多情多恨的宿命女子形象。由此可见，佐藤春夫分别在无常美感、文化悼亡、民族语言特质三方面表现出对中国古代闺秀诗的接受和理解。

关键词：《车尘集》 佐藤春夫 编选观 闺秀诗 受容

引 言

《车尘集》（『車塵集—中國歷朝名媛詩抄』1929年）是日本近代以来第一部正式出版的中国古典诗歌编译集，编译者佐藤春夫为日本读者编选并译介了

---

* 基金项目：本文为教育部人文社科基金青年项目"上海在日本近现代文学史上的隐喻意义"（批准号：11YJC752015）阶段性研究成果、上海市教委人文社科创新基金重点项目"二十世纪日本'东亚'叙事话语建构"（批准号：14ZS126）阶段性研究成果。

** 齐珮（1978—），文学博士，上海海洋大学外国语学院日语系副教授，北京大学高级访问学者。研究方向为中日比较文学。联系方式：上海市临港新城沪城环路999号上海海洋大学外国语学院401室（邮编：201306），电子邮箱：sh8686114@sina.com。

中国六朝至明代近一千四百年间32位女诗人的48首诗作。这些诗作几乎全部是首次被译介到日本，在当时极受欢迎，其影响也绵延不绝。佐藤春夫本人对此也始料未及："我编译的支那历朝闺阁小诗取名为《车尘集》，问世后已有20年了……那原本是在不眠之夜聊以自慰的长物，却出人意料地受世人欢迎，偶尔也会有一些人效仿我。"[1] 步其后尘者那珂秀穗正是在《车尘集》的影响下于1947年译介出版了《支那历朝闺秀诗集》（『支那歷朝閨秀詩集』1947年），并证实说："我最初接触佐藤春夫的名译薛涛诗作是在中学阶段，而来星霜几许，现在回首少年旧梦都已烟消云散，空空荡荡的头脑中仅存的就是那几首支那女流诗人的诗篇，能够让我重温旧梦。"[2] 然而，中日两国学界对该译诗选集的研究与其赫赫声名不成比例，日本研究者吉川发辉曾感叹："在日本近代文学中译诗集众多，但像《车尘集》这样汇集各色女流诗人、诗作且选译作品如此丰富的并不多见。但自译诗集问世以来至今已有半个多世纪之久，还未见真正的研究力作出现。其理由很简单，一是相关文献资料太少，二是对女流诗人的诗作不太关心。"[3]

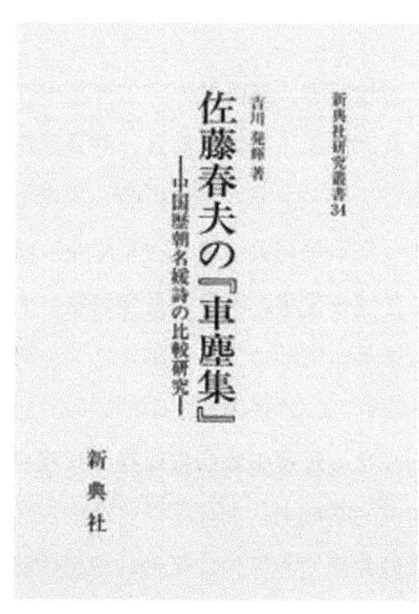

吉川发辉著《佐藤春夫的〈车尘集〉——中国历朝名媛诗比较研究》，新典社，1989年1月，《车尘集》研究名著

由此可见，至少到20世纪80年代，吉川发辉的著书出现之前，还未得见对于《车尘集》的真正的研究力作。自80年代以后中日两国学界陆续出现了一些相关研究论文，如江新凤的论文「佐藤春夫『車塵集』の原典とその成立」、朱卫红的论文「佐藤春夫『車塵集』における古典和歌との交渉」、沈林的论文《佐藤春夫〈车尘集〉的翻译研究》、王广生的论文

---

1 佐藤春夫：玉笛譜，《定本佐藤春夫全集》，臨川書店，1999年，第1卷325頁。
2 横田むつみ：日本における薛濤詩の受容，載《日本漢学研究》，2007年，第7号19頁。
3 吉川発輝：《佐藤春夫の〈車塵集〉中国歷朝名媛詩の比較研究》，新典社，1989年，第3頁。

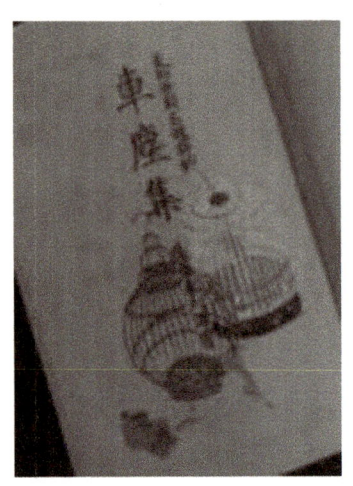

《车尘集》书影　　　　　　　　佐藤春夫

《再读〈车尘集〉——从日本近代汉诗的翻译谈起》等。其研究内容主要集中在翻译和考证两方面，或者是以翻译研究为主，从翻译手法、译诗形式、翻译策略以及时代文化背景入手，考察该译诗集在汉诗日译领域中的得失和影响；或者是通过考证、对勘等手段和方法考察选集的出典、底本等相关情况。《车尘集》研究因此得到了大大的推进。但是值得注意的是，《车尘集》不单纯是译诗集，它还是一部编选体例完整、编选意图明确的诗歌选集。实际上，文选编译作为一种互动的、双向的文化机制，编译者向译入语读者介绍、传播中国文学的同时，也充分体现了编译者自身对中国文学的受容，而在这一过程中我们也获得了反观自我的"他者"视角。为此，本文试图在先行研究的基础上从文选编译研究的视角出发，分析《车尘集》的结构编排、作品选录以及副文本等构成要素，探讨佐藤春夫的编选观，据此阐释他对中国古典闺秀诗的受容以及对中国古代女性形象的建构问题。

一、《车尘集》成书经过

《车尘集》并不像《殉情诗集》（『殉情詩集』1921年）、《我的一九二二》（『我が一九二二』1923年）那样常常是因有感而发，一气呵成，其成书历经10年之久，堪称含英咀华之产物。自大正十年8月（1921.8）在《蜘蛛》上发表日译薛涛诗《春望词之三》以来，佐藤春夫开始着手中国古典诗歌的编译工作，先后在《大和调》（1927.10）、《改造》（1928.10）、《アルト》（1928.11）、《三田文学》（1929.4）等文艺杂志上陆续发表译诗，直至昭和四年9月（1929年）将以往零散发表的译诗作品整理、编排，部分作品进行了重新润色、修改，并加入一部分新的译作，最终由武藏野书院正式出版发行单行本，编译工作就此告一段落，距离他的第二部中国古典诗歌编译集《玉笛谱》（『玉笛譜』1948年）问世，还要再等近20年的时间。《车尘集》的编译与佐藤春夫的初次译诗失败、恋爱悲欢、中国旅行、悼亡挚友等人生经验相重合，伴随了他的整个青春时代，是他人生的缩影。

佐藤春夫最初的中国题材作品是创作于大正七年的《李太白》（『李太白』1918年）。他在创作这部小说的同时也尝试翻译李白的诗，但据他在《唐物因缘》（『からもの因縁』1941年）中说："最早我在创作《李太白》的过程中试译过李太白的诗，但失败了，原诗的精妙含蓄之处最终也没能把握，非常遗憾。……后来翻译支那诗时只选择那些无需刻意尊重原作，且容易引起共鸣的诗。不必囿于原作，翻译得心应手。"[1] 显然译诗失败的经历使他在编译《车尘集》时关注那些浅显易懂、能引发共鸣的诗作。众所周知，佐藤春夫与师友谷崎润一郎及其妻子千代子之间的爱情故事曾轰动日本社会，成为街谈巷议的话题。自1920年以来在历经离婚、再婚、让妻、断交、复交等一系列事件后，直至昭和五年（1930年），这段分分合合、轰轰烈烈的恋爱尘埃落定，佐藤春夫与谷崎前妻千代子结婚。在恋爱的痛苦情绪驱动下，他的诗情全面爆发，于1921年和1923年先后创作了《殉情诗集》、《我的一九二二》两本诗集，抒发了对千代子的相思、爱怜和悲愁。这两本诗集已经开始涉及中国古代闺秀诗薛涛的《春望词之三》，此后被编译收录在《车尘集》中。待到《车尘集》正式出版，已是1929年，也就是佐藤春夫与千代子结婚的前一年，近10年的悲欢离合至此已成如尘往事，当年的情痴与哀愁、热忱与痛苦的诗情都沉淀于曾经引发他无限共鸣的中国古代闺秀诗中。可以说《车尘集》是他对青春时代历经数年的悲恋的祭奠。

1　佐藤春夫：唐物因縁，《定本佐藤春夫全集》，臨川書店，1999年，第22卷574頁。

《车尘集》出版20年后，佐藤春夫再次着手编译他的第二部译诗集《玉笛谱》时，已然把自己视为"诗坛的前朝遗民"[1]，大胆地涉足"醉心"已久的婉转精妙、意涵幽深的唐诗，其中选录最多的是中国诗歌经典且难解的王维的诗作。如果说《玉笛谱》是他向中国古代经典诗歌的致敬，通过译介中国经典诗歌唤醒当时日本人对传统文化的追怀，那么《车尘集》则是他青春时代的印迹，在结构编排、作品选录、作者评传、诗作评点等各方面都渗透着他的个人主体性经验和诗歌观念。借此探讨佐藤春夫对中国古代闺秀诗的受容以及对中国古代女性形象的建构问题也就成为题中应有之意。

二、结构编排

选集的结构编排所呈现的是编译者对编选对象和内容的整体构思与把握，通过插入序跋、编排作品顺序、设计首尾作品等手段首先构建出选集的整体框架，据此设定选集的基调和主旨。《车尘集》的基本框架是，以诗句代替序跋文分别独立地置于选集首页和尾页，其主体内容是由32位女性诗人的48首原诗及佐藤春夫的译作构成，此外作为选集的副文本，还附有关于作者和作品的简要评注、补充说明等内容。从它的结构编排来看，其主要特征体现在序跋文的设计和作品编排顺序两方面。

1. 以诗代文的序跋设计

佐藤春夫在《车尘集》中并没有配置真正意义上的序跋文，其序文由明代才女薄少君的悼亡诗句"浊世何争顷刻光，人间真寿有文章"、齐国名妓苏小小的《楚小志》一诗中名句"美人香骨，化作车尘"、以及他对亡友芥川龙之介的献词"芥川龍之介が、よき霊に捧ぐ"（《献给好友芥川龙之介之墓》）三部分内容组成。而作为跋文则更加简略，只有芥川龙之介创作的题名为"修辞学"（『修辞学』1921年）的三行小诗：

ひたぶるに耳傾けよ　侧耳倾听啊，

---

[1] 佐藤春夫：僕は現代詩人ではない，《定本佐藤春夫全集》，臨川書店，1999年，第26卷161頁。

空みつ大和言葉に　　大和的语言中，
こもらへる篳篥の音ぞある　　回响着管篥的音阶。

通常编译者通过序跋文阐述自己的编选意图、翻译思想、选集宗旨等内容，既为读者提供深入理解作品的平台，同时也是对自身编译工作的反思和总结。佐藤春夫以诗代文设计了独特的序跋形式，将中日不同语言、不同历史时空的文本并置，彼此之间形成互文关联，相互阐发，互相印证，为读者建构起进入中国古典闺秀诗的文化语境，同时也映射出他对闺秀诗的理解与受容。

明代才女薄少君乃一代隽才沈承之妻，因夫早亡而和诗百首为之悼念。《车尘集》序文选录的是百首悼亡诗之第二十四首，"浊世何争顷刻光，人间真寿有文章。君文自可垂天壤，翻笑起翁是夭亡。"启承二句说明人生哲理，人的生命固然有限，但留下的文章却可传世，人生在世何必要争一时一事的风光。此句与选录的《楚小志》一诗中的名句"美人香骨，化作车尘"在结构编排上并置，在意义上形成互文关联。所谓"美人"、"香骨"是指集中选录的具有悲剧色彩的女性诗人们，她们短暂、宿命般的人生犹如车尘，多情多恨、起伏跌宕过后，最终灰飞烟灭，消失在滚滚历史的车轮之下，唯一能够继续承载她们的爱恨情仇、继续向世人诉说悲欢离合的只有集中编译的传世诗作，是为"车尘集"之命名初衷。

另外，佐藤春夫借薄少君的悼亡诗缅怀文坛挚友芥川龙之介。他与芥川同龄，在当时崇拜西洋蔑视传统的风潮下，他将芥川引为知己，曾感慨地说"从明治末到大正初，文坛上对支那文物多少还能感到兴味的人似乎就只剩我和芥川了。"[1] 实际上，《车尘集》的编译也确实得到了芥川的积极响应。他在《支那杂记》序言中回忆说："最初我把译好的十几篇诗作拿给芥川看，他竟意外地感兴趣，他自己也亲自译了十几篇，还说要与我一起编译。他建议说，我们可以在一起旅行时、在火车上、在旅馆中讨论汉诗，共同编译……"[2] 但遗憾的是，芥川在1927年7月自杀身亡，此时《车尘集》的编译工作还未全部完成，芥川的早夭给佐藤春夫以巨大打击，他不仅失去了挚友，也失去了在当时文坛志同道合的

1　佐藤春夫：唐物因縁，《定本佐藤春夫全集》，臨川書店，1999年，第22卷574頁。
2　佐藤春夫：唐物因縁，《定本佐藤春夫全集》，臨川書店，1999年，第22卷574頁。

同伴。他在《唐物因缘》中明确地说："自他殁后，我从秋至冬埋首整理剩余的工作，这个诗集供奉给芥川的灵前，以兹祭奠。"[1]因此，在选集扉页起首便是「芥川龍之介がよき霊に捧ぐ」（"献给好友芥川龙之介之墓"）这样一行文字。

开篇序文充满了悼亡意味，一方面是对佐藤春夫青春时代悲恋的祭奠，另一方面是对文坛挚友芥川的追怀。在昭和初年的时间点上，佐藤春夫悼亡的岂止是消逝的青春和友情，其实质是青春和友情所象征的日本近代化的"蜜月期"——浪漫的大正时代的逝去。他曾不无感慨地说："我本不是现代人，偶然地与这个时代相逢，我自己决不会以现代人自居，毋宁说我是以非现代的日本人而自豪……现代日本的空气总是令我感到不快，我也许是一个落后于时代的传统的日本人吧。"[2]由此可见，佐藤春夫对中国古代闺秀诗的受容是以反思日本近代化得失为起点的，并将之历史化，尽力挖掘中国古代闺秀诗对无常观、宿命论的表现和认知。

如果说序文呈现出佐藤春夫编选观的一个侧面，那么跋文选录的芥川创作的和歌《修辞学》则呈现出其编选观的另一面相。佐藤春夫在1936年至1937年间为《朝日新闻》PR版撰写的诗歌品读专栏《爱的世界》（『愛の世界』1963年）中对此和歌推崇备至。他认为这首诗表达了芥川对日语的深沉、细腻的爱，其证据是该诗语言浅显易懂，词语搭配得当，韵味无穷，表现出日语深沉、静谧的音韵特征。由此他总结说："我觉得诗无论是创作还是翻译，都应以对语言的爱为根本。"[3]佐藤春夫正是通过跋文揭示出《车尘集》的另一编选观念，即他试图打破自古以来的汉诗训读译法，将和歌特有的五七调、七五调音律应用于汉诗日译中，甚至不惜牺牲原诗的诗情和意味，而尽力追求译诗的韵律美。为了更好地运用日语特有的音律进行翻译，除了运用恰当的翻译技巧和策略之外，其前提是选择具有适当的诗体形式和内容的诗作。用他自己的话说，"之所以我选择中国古代女性的诗作……是为了打破关于支那诗的既成观念，尽量翻译成简明易懂、韵

---

1 佐藤春夫：唐物因縁，《定本佐藤春夫全集》，臨川書店，1999年，第22卷574頁。
2 佐藤春夫：僕は現代詩人ではない，《定本佐藤春夫全集》，臨川書店，1999年，第26卷163頁。
3 佐藤春夫：愛の世界，《定本佐藤春夫全集》，臨川書店，1999年，第26卷331頁。

律优美的抒情诗。"[1] 由此可见，佐藤春夫从诗歌韵律、诗体形式层面对中国古代闺秀诗产生了共鸣。

2．四季轮回的编排顺序

《车尘集》的主体部分由48首原诗和相对应的译诗构成。根据日本研究者吉川发辉的考证，《车尘集》的底本应该是明代钟惺编纂的《名媛诗归》，由九成诗作都是来自于此。[2]《名媛诗归》是晚明时期钟惺编纂的女性诗歌作品选集，共36卷，收录了上古至明代几乎所有女性诗人的作品。按作者的生活年代顺序编排，每个时代项下又根据作者的身份、职业、属国划分成若干类别。佐藤春夫突破了底本的编排结构，没有按照作者或作品的年代顺序做历时的静态排序，打乱了作者的身份、职业、属国或作品门类、属性等分类，根据自己对诗作主题和内容的受容与理解，将48首诗作大致划分为春、夏、秋、冬四部，并按照一年四季自然流转的顺序编排而成。这是《车尘集》在结构编排上区别于其他日本近代中国古典诗歌选集的一大特色。关于这种编排方法，中国研究者朱卫红认为佐藤春夫显然是受到《古今和歌集》的四季部类划分的影响。[3] 笔者认为，这也与佐藤春夫的爱情经历和人生体悟有关。选集中的诗作从春到冬，经历了恋心的朦胧、相思的煎熬、漫长的等待，直到恋爱达成，同时人生也由青春走向了终老。毋宁说这样的编排就像人生的缩影，文本与编译者的人生经验相互印证，构成了内在的对话关系。

从具体的文本配置来看，开篇第一首选录的是唐代金陵歌妓杜秋娘唱给镇海节度使李锜，用以寻欢作乐的曲子《金缕衣》。当时李锜年事已高，这样一番劝君得意须尽欢的说辞自然深得其心意，于是杜秋娘被纳为妾。仅从日译题名「ただ若き日を惜しめ」可见佐藤春夫对其诗的受容，即感叹韶华易逝，应珍惜青春，不要虚度人生好时光。这也正是佐藤自己的人生经验总结，他与千代子的恋爱纷争整整耗尽了他近十年的青春岁月，当《车尘集》编译完成后回首往事，他

---

[1] 佐藤春夫：唐物因緣，《定本佐藤春夫全集》，臨川書店，1999年，第22卷574頁。
[2] 吉川発輝：《佐藤春夫の『車塵集』中国歴朝名媛詩の比較研究》，新典社，1989年，第246頁。
[3] 朱衛紅：佐藤春夫『車塵集』における古典和歌との交渉，載《築波大学文学紀要》，2001年，第86頁。

一定不能不为此唏嘘感叹。将此诗置于选集之首，奠定了选集的基调，表达了佐藤对人生短暂、虚幻无常的感叹。作为选集的结尾，佐藤选录了《子夜歌》第十六首，日译题名「霜下の草」。该诗的启承二句劝告青春易蹉跎，要珍惜年少时光，转结二句用"霜下之草"的比喻例证这一人生哲理。由此可见，开篇与结尾的主题基本相同，通过花草的生命短暂来比喻人生虚幻无常，要珍惜青春时光，及时行乐。由此首尾相合，并与选集的四季轮回这一整体结构框架相呼应，共同建构出一个自足的、全新的文化语境。

三、作品选择

作品的选择主要包括编选者在入选篇目、比例、文类等方面所作的考量，最能反映编选者对中国古代闺秀诗的理解与阐释的思路，使得编选动机与标准在选集中被具体地呈现出来。根据研究者吉川发辉和江新凤的考证推断，《车尘集》的底本应该是明代钟惺和谭友夏评注的历代女性诗人作品集《名媛诗归》和张梦征编辑的《青楼韵语》，48首诗作中有34首出自前者，有16首出自后者，余下3首尚未查到出处。[1] 总体来看，《车尘集》的作品选择呈现出以下两方面特征。

1. 入选篇目的非经典化倾向

从入选篇目及其所占比例来看，集中选录的作品呈现出非经典化特征。在中国古代文学史上最具代表性的女性诗人及经典诗作入选比例极小，其中唐代著名女诗人薛涛的入选篇目只有3篇，鱼玄机和刘采春各1篇，而且入选的3篇薛涛诗作并不是其全部创作中最具代表性的经典作品。另外，宋代与李清照齐名的女诗人朱淑真的入选篇目也仅有1篇。其余入选篇目均是在中国古代文学史上名不见经传或者沦落风尘或命运悲戚的女性诗人及诗作。

究其编选动机，一方面是由于佐藤春夫因初译李白诗失败而惮于自己能力不足，所以"不敢再尝试名家雄篇，只好采撷那些可怜可爱的无名草花……"[2]，

---

[1] 江新凤：《佐藤春夫与中国古典诗歌—论〈车尘集〉》，载《解放军外语学院学报》，1991年，第3期72页。

[2] 佐藤春夫：玉笛谱，《定本佐藤春夫全集》，临川书店，1999年，第1卷325页。

的确如此，他所选译的诗作大多文词直白、浅显易懂、直抒胸臆、格调不高，少有中国古代诗论所称道的气象、风骨、意境等美学特征。例如，佐藤春夫最喜爱的南朝乐府民歌孟珠的《阳春歌》三首，不仅在集中选录了第二首，而且在最后的作者评传部分将其余二首全部列举出。日后又在《汉诗的翻译》、《爱的世界》等诗评随笔中多次品评该诗，他认为："孟珠是一个社会秩序尚不完备时代的女人，竟可如此露骨地歌咏实感，诗本来就是与实感不即不离之物，如此坦率、赤裸，反而没有邪气之感。"[1] 孟珠是六朝时期魏国丹阳人，《阳春歌》三首均是乐府古诗，文词简易平俗，感情赤裸真挚，歌咏女子对情郎的热烈、大胆的爱情。《车尘集》中收录的类似这种文词浅近、感情真挚的民谣风诗作几乎占诗作总数的三分之一还多。

另一方面是由于他当时处于悲恋之中的心境与中国古代闺秀诗的诗情相契合，引发了他的深刻共鸣。从选录的作品主题来看，诗人主要歌咏情痴与哀愁，借奥野信太郎的话说："她们咀嚼着忧愁、孤独而生，所以她们的作品也就是这种生活状态的写照，也是她们从心底里发出的真实声音。可以说这些诗作就是她们人生的哀愁史。"[2] 这些诗作对自然的描写细致入微，充满余情，寄托了女性的情思，其底色流淌的是淡淡的孤独、寂寞与哀愁。这种哀愁之诗为佐藤春夫所亲近、喜好，他把人生况味、情感体悟投入其中，不可避免地带有编译者个人主观经验的投影。大正十年8月（1921年）他在《蘖》上刊载情史二十四洞庭刘氏的《寄衣》译诗，并评点说："此诗为我最爱，第五句以下更妙，才情兼备。……30岁还未成家的我反复诵读，每每都会热泪盈眶。艳羡叶正甫之情不能自已。富贵、功名为何物？我现在最渴望的市井之幸福，于我而言如同猴子临水望月，难道没有为我而生的洞庭刘氏吗？"[3] 虽然此诗日后并没收入《车尘集》中，但足见他当时的心境。

---

1 佐藤春夫：愛の世界，《定本佐藤春夫全集》，臨川書店，1999年，第26卷332頁。
2 奥野信太郎：車塵集の序文，《佐藤春夫全集》，講談社，1966年，第1卷106頁。
3 佐藤春夫：洞庭劉氏，《定本佐藤春夫全集》，臨川書店，1999年，第19卷138頁。

2. 入选篇目体裁的歌谣化倾向

从诗作体裁来看，集中收录的诗歌体裁大多是五言四句的民谣风诗作。集中收录的六朝时期乐府古体诗有孟珠的《阳春歌》1首、《子夜歌》7首、《清溪小姑歌》1首，沈满愿的《映水曲》、《咏残灯》2首，共计11首。此外，即便是在唐代以后的近体格律诗中，佐藤春夫更倾向于选录那些并非严格意义上的绝句或律诗，更钟爱形式自由、诗情朴素、具有歌曲或民谣风的近体诗。如杜秋娘的《金缕衣》、夷陵女子《空馆夜歌》、薛涛的《春望词》、刘采春的《啰嗊曲》以及明代才妓景翩翩的《怨词》等，仅从上述所录原诗的诗题来看，这些诗作的体裁或者是"歌"、"曲"，或者是"词"，几乎都不是严格意义上的格律诗。这种诗选录约有18首，几乎占集中全部诗作总数的三分之一还多。例如，集中选录的唐代夷陵女子的《空馆夜歌》：

> 杨柳依依
> 袅袅随风急
> 西楼美人春梦中
> 翠帘斜卷千条入

佐藤春夫直接将其诗题翻译成"谣"，可见他对这首诗歌体裁的把握，他认为："这并不是诗而是一首歌谣，诗体自由，声调优美……有俗谣之趣，难得无名村姑之作竟然能传达出此番情趣，可见纯粹的诗与俗谣的界限仅一线之隔。"[1] 集中收录最多的诗作是南朝乐府民歌《吴声歌曲》中的《子夜歌》，共7首。其内容均写男女恋情，是女子吟唱相思离情的歌谣。正如藤春夫在选集附录部分《原作者的事及其他》（『原作者の事その他』）的"子夜"条目下的评点："子夜歌流传至今现存42首，玉石参半。佳者其体式简古，情真意切，可称秀绝不朽之歌。"[2]

其编选动机是源于他的诗歌观念和翻译观念，他认为："诗如果没有感动，

---

[1] 佐藤春夫：美の世界，《定本佐藤春夫全集》，臨川書店，1999年，第26卷133頁。
[2] 佐藤春夫：車塵集，《定本佐藤春夫全集》，臨川書店，1999年，第1卷98頁。

只重韵律、意境、情绪的话，就成了以感觉的陶醉为目的的媚药。反之，诗如果不凭借语言要素，仅仅传递感动，就无异于演讲、谈话、日记、书信。诗是这些元素的综合，缺一不可的，必须活用这些要素。而翻译不是要把一切要素都原封不动地移植，最大的问题在于如何将这些要素与译入语融合，就像一个人用两种不同的语言过着同一种生活一样。诗具有该国语言最显著和最隐微的一面，具有他国语言所没有的独特的美。"[1] 由此可见《车尘集》一方面是他的情感经验的表达，另一方面也是他的语言试验。他对日本自古以来的汉诗训读译法极为不满，认为汉诗训读译法无论是观念还是方法都是暧昧而模糊的，没能体现出日语在音数律上的特质，无论在诗情上还是韵律上，这种作法都是一种极不彻底的汉诗日本化。甚至汉诗训读的古典名作《和汉朗咏集》也遭到了他的批评："本来日本诗歌在韵律学上应以音数律为基础，从这一点来看，《和汉朗咏集》的汉诗和译应该是散文译法，不是韵文译法，不能用韵文的评价标准来批评。"[2] 他在《车尘集》中试图将日本和歌五七调、七五调音数律引入汉诗翻译中，追求韵律与诗情的融合，为此即使有悖于原诗意味的忠实传达也在所不惜，力求将汉诗彻底的日本化。他在《拙译之辩》中明确主张："为了使译诗从原诗中独立出来，并具有优美的韵律和独特的情绪，在这种情况下，原诗和译诗之间意味上的差异就成为一个重大问题。为了拥有独立的韵律而损伤原诗的意味，或者正相反，忠实传达原诗的意味，但韵律之美因此消失殆尽，这两种情况相比，我认为就诗的翻译而言，还是前者更好。没有韵律美的诗，无论多么准确忠实地传达了原诗的意味，也不能称之为名译。"[3] 出于上述的诗歌翻译观念，中国古代闺秀诗尤其是那些诗体自由、文词浅近、情真意切的歌谣显然更适合他的要求，也更容易在翻译中进行尝试和操作。从效果来看，《车尘集》确实也获得了巨大的成功，日本研究者岛田谨二评价说："还会有这样的译诗集，真不可思议！将异国女性的

---

1 佐藤春夫：漢詩の翻訳，《定本佐藤春夫全集》，臨川書店，1999年，第35卷424頁。
2 佐藤春夫：漢詩の翻訳，《定本佐藤春夫全集》，臨川書店，1999年，第35卷422頁。
3 佐藤春夫：漢詩の翻訳，《定本佐藤春夫全集》，臨川書店，1999年，第35卷424頁。

歌草如此漂亮、如此妥贴地移植入我们的语言中。"[1]

四、副文本手段

副文本（paratext）概念最初是由法国叙事学家热奈特（Genette）提出，是指前言（序）、后记（跋）、标题、献词、插图等一系列中间因素，作为中介连结起文本与读者，以辅助正文展现作品全貌。[2] 通过副文本手段不仅可以为编译者提供充分解说编选意图和选集宗旨的平台，还可以为读者提供丰富的历史文化语境，便于读者理解文本产生和接受的社会文化背景，从而配合正文文本共同建构出编译者心目中的文学风貌。《车尘集》主要的副文本由原作者评介及其诗作评点构成，按正文中作者出现的先后顺序分条目编排，题名为"原作者的事及其他"，以附录的形式置于选集的最后，从以下两方面间接地反映出佐藤春夫对中国古代闺秀诗的理解与受容。

1. 建构宿命的女性形象

作者评介部分内容极为简略，除身份不详的作者外，相对而言，佐藤春夫对那些经历过爱情的悲欢离合、感情生活大起大落的女诗人给予了更多的笔墨，例如杜秋娘、孟珠、鱼玄机、马月娇等人。在选集中她们的诗作仅被收录1首，然而在作者评介部分却作了较为细致的介绍和评点。杜秋娘条目下，也顺带介绍了杜牧因同情杜秋娘的爱情经历而为之所赋的《杜秋娘诗》。薛涛条目下，除了介绍广为人知的"薛涛笺"外，还特意在结尾处附加一句："今古奇观中有一篇故事写薛涛魂魄与一少年秀才的情事，十分有名。小泉八云也翻译过此文。"鱼玄机条目下，不仅详细介绍了鱼玄机的一生经历，还对选录的《秋怨》诗中"自叹多情是足愁"一句作了细致的评点，他认为此句概括了鱼玄机多情多恨的一生，并由此联想到现代英国诗人阿瑟·西蒙斯（Arthur Symons）的诗句。马月娇条目下，他评价说："此乃秦淮名妓，闻名天下，虽然容貌平平，但风流豪侠之气令

---

[1] 转引自吉川発輝：《佐藤春夫の『車塵集』中国歴朝名媛詩の比較研究》，新典社，1989年，第2页。

[2] 热拉尔·热奈特：《热奈特论文集》，史忠义译，百花文艺出版社，2001年，第11页。

人爱慕。"而对那些丧夫守寡、虽然寂寞悲苦但感情已归于平淡的名媛贵妇，介绍得极为简略，例如鲍照之妻张文姬、施伯人之妻郑允端、范靖之妻沈满愿等人。此外，还着重介绍了富有传奇色彩的诗人及其诗作，如黄氏女与情郎潘用中互赠手帕以诗传情的逸话，再如待字闺中的王氏女与才子赵德麟的"二十八字媒"的恋爱佳话，以及丁渥妻寄给丈夫的诗与丈夫梦中所见相同的传说，甚至还有"清溪小姑"等具有中国传统神话色彩、亦鬼亦仙的趣闻逸事。

《车尘集》成书之前，佐藤春夫为了排遣恋爱的愁绪分别于1920年和1927年两次赴中国旅行，他亲历了台闽等地的南岛风光和秦淮西湖等梦里水乡，耳闻目睹了诞生大量神话传说的南中国风貌，回国后以中国传统的民间传说、奇闻轶事为题材创作了《女诫扇奇谈》（『女誡扇奇譚』1925年）、《秦淮画舫纳凉记》（『秦淮画舫納凉記』1936年）、《南京雨花台少女》（『南京雨花台の女』1937年）等一批极具传奇色彩的作品。作品中塑造的中国女性形象与《车尘集》如出一辙，有殉情的名媛闺秀，也有沦落的少妇，还有充满神秘气息的秦淮歌妓。由此可见，能引发佐藤春夫共鸣的传统中国女性形象大都是那些多情多恨、人生无常的宿命女性，他在这种可怜可哀的女性身上能够感受到一种"崇高美"。他曾在杂文《女性与崇高美》（『女性と崇高美』1922年）中阐述了他对女性及女性美的诠释："就妇人而言，所谓崇高美在某种意义上就是与崇高美正相反的可怜可哀之美……这种可怜可哀之美达到极致的话，也许就会令人感到崇高。"[1] 实际上这与他一贯主张的美学理念——"风流论"是相通的。研究者董炳月曾指出，佐藤春夫的女性观更接近"哀妇人"的周作人，他的文学观念中一个支点是"自然"，另一个支点便是"女性"，自然的虚幻、无常与人性的卑微、渺小共通，而女性正是二者最完美的结合体，因此女性的本质就是"风流"之美。[2]

2. 充满隐喻意义的文本网络

附录起首插入了法国中世纪诗人弗朗索瓦·维庸（François Villon）的诗作

---

[1] 佐藤春夫：女性与崇高美，《定本佐藤春夫全集》，临川书店，1999年，第34卷310页。
[2] 董炳月：《"国民作家"的立场—中日现代文学关系研究》，北京三联书店，2006年，第154页。

《古美人歌》中反复吟咏的诗句"去年白雪,如今安在"。该诗描述了法国历史上的贵妇名媛抵不过时间的侵蚀,终归灰飞烟灭的人生结局,在怀古的幽情中寄托了对命运无常的思考。这首诗句与选集序文选录的苏小小的诗句"美人香骨,化作车尘"的诗想是同构的。显然,佐藤春夫的编排目的在于,附录部分与选集主体、诗人评介与选录诗作,无论结构框架还是选录内容彼此呼应,形成互文关联,从而构成了一个完整、统一又充满隐喻意味的文本网络。

另外,当时的日本文坛十分盛行欧美诗的日译,正如他在《汉诗的翻译》(『漢詩の翻訳』1936年)中所描述的那样:"明治以后欧美诗大量输入,为新兴欧美译诗所刺激,日本文坛开始尝试汉诗翻译。但大都翻译意识低下,完全不能与欧美译诗相提并论,像上田敏那样优秀的译诗名作在同时代的汉诗译作中几乎没有。"[1] 佐藤春夫将日本读者所熟知的西方近代诗作为注脚,用以评点日本读者普遍陌生的中国闺秀诗,不仅使读者更易于理解和接受,也便于他将读者带入自己的文学观念和思想世界中。例如,朱淑真条目下,佐藤春夫借海涅《抒情插曲之二》中的诗句评点朱淑真的绝句《伤春》:"海涅的小曲中有诗云'心中恋情,化为夜莺之歌',与集中所录绝句异曲同工。"再如,孟珠条目下,评点说:"由香花联想到情人的气息,诗境大胆、露骨而浓密,足见与我国诗情相异。大概西欧诗中应该有类似的诗想吧。"在此暂且不论这样的评点是否中肯,至少佐藤春夫通过西方近代诗表达了他对中国古代闺秀诗的理解与受容。

结　语

佐藤春夫的文坛挚友芥川龙之介评价说,佐藤春夫是一个诗人,比任何人都更具诗人的特质。的确如此,《车尘集》的编译过程和编选特征充分体现了这一特质。[2] 昭和初年历经十年之久的悲恋终于尘埃落定,然而诗人的青春已然不再,与之一起消逝的还有浪漫的大正年代以及日本传统文化的面影。祭奠青春、悼亡时代、追怀传统自然成为《车尘集》最主要的编选意图,为此佐藤春夫确立

1　佐藤春夫:漢詩の翻訳,《定本佐藤春夫全集》,臨川書店,1999年,第35卷417页。
2　佐藤春夫:作品と解説,《春夫詩抄》,岩波書店,1936年,第223页。

了两条编选标准，一是在内容上选择能够引发共鸣的诗作，二是在诗歌形式上选择适合展现日语特质的诗作进行翻译。因此，《车尘集》在结构编排、作品选择以及副文本手段的使用等方面体现出相应的编选特征：在结构编排上以充满悼亡意味的诗句和献词作为序跋、以四季流转的自然规律编排作品顺序；在作品选择上，呈现出入选篇目非经典化倾向、诗歌体裁歌谣化倾向；运用副文本手段建构出多情多恨的宿命女子形象，并通过以西方近代诗作注脚的手段把读者带入中国古代闺秀诗的世界中。由此可见，佐藤春夫分别在无常美感、文化悼亡、民族语言特质三方面对中国古代闺秀诗表现出了共鸣和理解。

Beauty Bygone into Dust: On Sato Haruo's Che Chen Anthology

Qi Pei

Abstract: *Che Chen Anthology* is the first anthology of classic Chinese poetry in modern Japan. Sato Haruo was aimed at honoring youth, mourning time and tradition. He established two standards in the anthology, pursuing poetic resonance and rhythm of language. This paper analyzes the features of the anthology from three aspects, including structure, text selection and para-text. The anthology is prefaced and post-scripted in mourning poems, arranged by seasons flow pattern with non-classical songs and poetry, constructing the image of passionate woman. Therefore, the impermanence of beauty, culture mourning and national language characteristics in ancient Chinese boudoir poems are represented in Sato Haruo's anthology.

Key words: *Che Chen Anthology*; Sato Haruo; Anthology View; Boudoir Poems; Reception

说东道西

苦涩的回忆，苦涩的茶

——读木山捷平的小说《苦涩的茶》及其他

于长敏[*]

摘　要：日本现代作家木山捷平出身平民，以描写市井百姓的人生见长，是一名具有反战思想倾向的平民作家。战前的作品中频频描写社会底层人生活的艰辛，战后的作品屡屡批判发动战争的军政要人乃至天皇。他的短篇小说《苦涩的茶》是他的晚年代表作，以回忆的方式叙述了二战结束前后滞留在中国长春的日本人的艰辛生活，以及在生活中汲取的生活智慧，同时也流露出对日本当局的不满。木山捷平的后期代表作品几乎全是以伪满洲国"首都"长春为舞台，真实地记录了二战结束前后长春的城市变迁及市井生活变化，不仅为中日两国人民留下了重要的城市记录，也据此揭露和批判了日本军国主义为两国人民造成的战争伤害。

关键词：木山文学　回忆长春　控诉战争

《苦涩的茶》是日本现代作家木山捷平（1904—1968）晚年发表的一篇短篇小说。笔者之所以选择这篇小说作为研究对象，其原因有两个：一是作品中的舞台是笔者一直生活和工作的故乡——吉林省省会长春市；二是木山离开这个世界已经40余年了，而他本人及其作品在我国尚鲜为人知，即便是在日本也将要从人

---

[*] 于长敏（1956—），吉林大学外国语学院日语系教授、博士生导师；吉林建筑大学城建学院外语系副主任、教授。联系方式：长春市前进大街2699号吉林大学外语楼（邮编：130012），电子邮箱：u.cyobin@163.com。

们的记忆中淡去。笔者认为，他虽然远不如川端康成、大江健三郎等作家出名，却是一位中日两国都不应该忘记的作家。其原因之一是他的作品对日本军国主义和军国主义者发动的那场战争给予了无情的揭露和批判；二是他的后期作品，尤其是获奖的代表作品，几乎全是以伪满洲国的"首都"长春为舞台，以写实的手法记录了"二战"结束前后长春的点点滴滴，大到沧海之变，小至街巷之谈。《苦涩的茶》就是其中一篇。

《苦涩的茶》书影

一

木山1904年生于日本的冈山县，1925年考入位于东京的东洋大学文化学学科，在校期间开始创作诗歌，1927年因病退学回故乡疗养，1929年重返东京，开始了专职的文学生涯，同年出版了他的第一部诗集《野》。1931年出版了第二部诗集《盲人与瘸子》。1932年发表了小说处女作《出石》。从此，诗歌、小说、随笔一起创作，作品相继问世，来中国之前，他在日本已经是一名颇有名气的作家、诗人。1944年12月，应伪满洲国农地开发公社的邀请，他以特约嘱托员的身份来到当时伪满洲国的首都新京，即长春，主要工作是向日本媒体报道日伪政府领导下的开发公社的"农业开发业绩"。然而，农业开发的"业绩"并未见报端，却为日后的小说创作积累了大量素材，可谓是"意外"收获颇丰。不过，从作家本人角度来看也许并不是什么意外收获，因为他欣然接受邀请来东北，本来就是想暂时换一种生活环境，离开没有言论自由的、空气令人窒息的日本，为日后的文学创作汲取新的营养。可是，"满洲"也不像他想象的那样能够呼吸到大陆的新鲜空气。因此，他每天饮酒度日，百无聊赖，几乎不去公社（见另一部自传性长篇《大陆的小道》）。

1945年8月13日晚，日本投降前夕，他被迫应征入伍，成为一名42岁高龄的新兵。按日本当时规定，征兵年龄的上限为40岁，而战败前不久军政府把上限提高到45岁，想作最后的挣扎。在他入伍的第三天，日本宣布投降，新兵营就地解散。据《苦涩的茶》回忆，就在日本投降的前一天即8月14日夜里，为了阻挡即将进城的苏联红军，新兵们和老兵一起开往郊区，途中作者把肩上的枪和随身带的证件及手戳全都扔到高粱地里准备逃跑。第二天早上被班长发现，将要受军法处置时，传来了日本投降的消息，新兵顿时作鸟兽散。当时无单位可依靠、无人过问、孤身一人的木山又辗转回到原来居住的旅店。别人有组织地成批成批地回国，他却阴差阳错地错过了马上回国的机会。那家旅店很快就成了与他同样命运的日本人的难民营，直到1946年8月他才九死一生地回到日本。

木山在长春生活只有一年半左右，经历的却是一个风雷激荡、天翻地覆的特殊岁月，给他后半生留下了永远难以忘却的记忆。因此，他在战后创作的小说大部分都是以长春为舞台，主人公都是一个叫木川正介的男人，即木山捷平自己。代表作除了《苦涩的茶》等短篇之外，还有长篇小说《长春五马路》、《大陆的小道》等。关于他的这几部长篇，笔者在《东北亚论坛》等刊物上已有过论述，这里不再涉及。

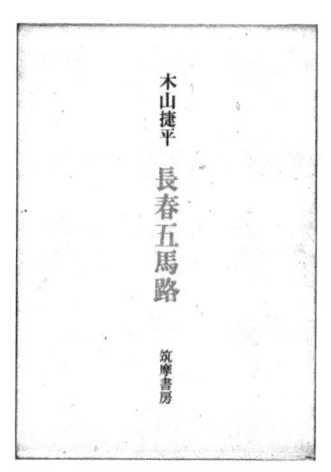

《长春五马路》书影

二

《苦涩的茶》既是一篇短篇小说，又是一部短篇小说集的名字。小说发表在杂志《新潮》1962年的第8期上，1963年又与其他八篇短篇小说合成一个单行本由新潮社出版，小说集仍叫这个名字，足可见作者在自己的短篇小说群中对该小说的重视。

小说主人公木川正介在东京的一家图书馆与分别了十几年的女孩儿那子不期而遇。那子这时已是一名大学生，正在图书馆打工。二人在酒馆先喝了些劣质的苦茶，然后又喝了许多啤酒，边喝边回忆起1945年战争刚结束那几个月在长春共同度过的艰苦岁月。那时那子只有四五岁，母亲带着她从哈尔滨逃往长春的途中因流产不能继续前行，便和木川住进了同一个难民营。那子的父亲是一名军人，被苏联军队带到西伯利亚后死在那里（这些当然是后来才知道的）。在难民营里，木川依靠贩卖白酒度日。当时苏联军队正在搜查、逮捕零零散散的日本军人。为了不引起苏联军队的怀疑，木川每次去烧锅（做烧酒的作坊）批发白酒都要把那子租来背在身上，以此来证明自己的平民身份。木川每租一次便送给那子的母亲几斤米，有时还把卖剩下的酒拿到那子母亲那里一起借酒消愁，消磨时光。当时只有四五岁的那子记忆并不连贯，但是却记住了许多重要场景，而木川则把这些场景穿在一起，使整个小说情节连贯起来。小说的结尾也是高潮部分，那子含着泪对木川说："正介叔，作为十几年后重逢的纪念，能不能再背我一次？"木川便借着酒劲儿背起那子在酒馆中走了起来。几名正在喝酒的大学生一齐起哄说："老色鬼，老色鬼……"那子从木川背上跳下来，挥舞着拳头直奔那几名大学生，并声色俱厉地道出了原委，小说到此便戛然而止。

　　就小说的描写手法而言，三岛由纪夫曾赞美结尾部分"像宝石一样"[1]精彩，而前面却是太多的"废话"。正如三岛所言，结尾部分虽然精彩，但整个小说却写得十分松散，甚至有些繁冗拖沓。先从木川遇上街头妓女开始，写到用妓女送给他的手戳上的名字去猜报上发表的谜语，再写到他本人以前在报上发表的文章全部遗失，然后又写到他去图书馆查找旧报纸，自己抄写自己发表过的文章，这时遇上了在此打工的那子，小说这才进入正题。由此看来，小说前面的铺垫的确过长。但这也正是木山小说的特点。木山的小说具有"私小说"的风格和自传小说的特点，只是主人公不使用第一人称"我"而用"木川正介"这个名字而已。同时，笔者认为，木山采用这种写法，主要是因为在回忆过去的同时，也描写了战后不久那些日子里普通日本人生活的贫困和社会的混乱，小说中那子的母亲就是在回国后第三年于贫困潦倒中死去的。因此，所谓的"废话"也就不再是"废话"了。

---

[1] 胜又浩编：《作家导读》，讲谈社，1990年，第284—285页。木山捷平的《大陆的小道·附录》被收录其中。

三

　　作品以轻松的口吻、回忆的方式首先道出了人在特殊环境下求生的本能和智慧。当时由旅店改成的难民营共有三层，而那子的记忆中却只有两层，所以坚持认为是两层小楼。而木川纠正说，当时三楼被一个叫金山的朝鲜人改成了妓院，妇女和小孩从不许上去。木川常带着白酒、薯片等东西上去卖，有时还把那子母亲做的馒头也拿上去卖。每隔几天木川去批发一次白酒，背着孩子，手提酒桶，从城里到郊区不知往返了多少次。除木川外，难民营里几乎全是妇女和儿童，他们的生存状况更是不堪回首。因没钱交电费，旅店给他们停了电，他们点着煤油灯，几个人挤在一个小房间里用煤来做饭，靠变卖随身物品度日，有人干脆上三楼卖身。

　　小说字里行间充满了对那场战争的厌恶和控诉。我国学者王向远在2007年12月22日的《文艺报》上说，日本反战文学"不是反对侵略战争，而是反对'战败'"。也有人认为，日本的"战败体验文学有意无意地宣传了'日本受害论'"，因此也就"有意无意中模糊和掩盖了作为侵略者的侵略罪责"。[1] 就日本战后文学整体而言，笔者完全同意这种观点，但就木山文学这一个体来说，情况又有所不同。他所描写的是日本下层民众的受害，而批判的矛头直接指向了日本军部乃至天皇。这一点在《大陆的小道》、《归国》等作品中表现得非常明显。在《大陆的小道》中他说道，那些军政要人见战势不妙，动用军车先把自己的妻儿老小送走。他认为，日本难民的痛苦完全是军政府造成的。当然，这些作品均发表在言论比较自由的战后。那么，战前他对战争的态度又是怎样的呢？1943年，木山准备出版他的第三部诗集《路旁的春天》。当时，一切出版物必须经过当局的审查。结果，出版不但未获批准，而且书稿还被全部没收。诗集的内容因未出版而无法得知，但从手稿被没收这一点来看，一定有某些不利于当局或不利于当时形势的言辞。书稿被没收后，他约太宰治喝酒并借着酒劲儿说："到

---

[1] 刘炳范：《战后日本文学的战争与和平观的研究》，吉林大学文学院（博士论文），2008年，第138—144页。

战争结束为止,我不再动笔!"¹ 果然,在那以后的一段时间里他再没有发表作品,而且第二年12月便来到了长春。

再向前追溯,1931年发表的叙事诗《盲人与瘸子》,写的是一个27岁的瘸女嫁给一个38岁的盲人,二人在田间辛苦劳作的故事。而其他的诗歌大多也都是描写挣扎在社会底层的人的生活状况的。在《妻》这首诗中写一个妻子总是在放屁,丈夫恐吓说再放就和你离婚,妻子说整天都在吃芋头,有什么办法呢。很明显,作者是在用一种特殊的形式,从一个特殊的角度,委婉地诉说当时民众生活的困难与艰辛。

当然,木山毕竟不是政治家,更不是无产阶级的一员,因此他不可能深刻挖掘战争的根源,深批军国主义的本性。他出身平民,描写平民,是一名具有反战思想倾向的平民作家。战前的作品中频频描写社会底层人生活的艰辛,战后的作品中屡屡批判发动战争的军政要人乃至天皇。1946年,他一回到日本就发表了短篇小说《归国》,当时东条英机虽已入狱但尚未受到审判。木山在作品一开头就说:东条这个混蛋,你怎么不用手枪自杀呢?² 在他的其他作品中甚至还说过天皇竟让他的同龄人来送死等话语。在战后文学中,批判军政要人者并不少见,但直接提到天皇的却为数不多。虽然木山文学并未涉及对战败的看法,但是要细读他的整个作品就不难发现,他早已预感到战争的失败,甚至说过这场战争能打赢才怪呢(《大陆的小道》)之类的话。

在以长春为舞台的系列作品中,木山捷平对中国人的描写还是比较客观、友好的。在《长春五马路》中记录了苏联红军、国民党军队、人民解放军先后进驻长春的情景,其中对纪律严明的解放军给予了很高的评价,对"五马路"上帮助过他的中国人也一直记在心里。包括《苦涩的茶》在内的一系列以长春为舞台的文学作品,比较真实地记录了"二战"结束前后长春市的社会变迁及市井变化,不仅为日本,也为中国人了解"二战"刚结束时的长春留下了重要文字。1962年,木山捷平的作品获日本文部大臣奖。1968年8月他因食道癌去世,但他的文学,尤其是战后创作的以长春为舞台的文学,将会永远留在日本现代文学史中。

---

1 恒金定次:《木山捷平研究》,西日本法规出版社,1996年,119页。
2 木山捷平:《我的半生记》,永田书房,1969年,86页。

Bitterness of the Tea and the Memory: Thoughts on *Bittetness of The Tea* by Kiyama Shōhei

Yu Changmin

Abstract: In his short novel BITTETNESS OF THE TEA, the author recalled his experiences in Changchun China. Just after the WWII, some Japanese didn't leave for Japan at once, and they suffered a lot, including hard life and survival intelligence. Due to the cruel reality, they complained much about the Japanese authorities. Through his novel we can see the poverty and social problems of Japanese people during the special period after WWII.

Key words: KIYAMA Literature; Recall of Changchun; War Complaint

基督和"道"的相遇

——保罗·克洛岱尔眼中的道家[*]

余中先 黄冠乔[**]

摘　要：保罗·克洛岱尔是法国19—20世纪著名的象征主义文学大师，同时也是虔诚的基督徒、派驻多国的职业外交官。作为向近代法国推介中国文化的第一位大作家，他对道家思想有着特别的兴趣，在多部戏剧作品中都引用了道家的象征元素。在他的眼中，道家的学说是能与基督教神学媲美的东方智慧哲学，是在中国这片神秘土地上实现与圣神合一的最佳之"道"。

关键词：保罗·克洛岱尔　基督教　道家

保罗·克洛岱尔（Paul Claudel，1868—1955），全名保罗-路易-夏尔-玛丽·克洛岱尔（Paul-Louis-Charles-Marie Claudel），有三个著名的身份：法国19—20世纪大文学家、外交官和虔诚的基督徒。作为文学家，他师承马拉美和兰波等象征主义大师，终生笔耕不辍，文学创作涉及戏剧、诗歌、散文、文学

---

[*] 本文系上海海洋大学人文社科项目"保罗·克洛岱尔戏剧美学中的救赎之'道'"（批准号A-0209-13-070049）的阶段性研究成果。

[**] 余中先（1954—），《世界文学》主编，中国社会科学院研究生院教授，博士生导师。研究方向为法国当代文学的发展动态。联系方式：北京市建国门内大街5号中国社会科学院（邮编：100732），电子邮箱：yuzhongxian@hotmail.com。黄冠乔（1982—），上海海洋大学外国语学院讲师，上海师范大学在读博士，法国索邦高等实践研究院访问学者，研究方向为中法文学文化关系。联系方式：上海市临港新城沪城环路999号上海海洋大学外国语学院（邮编：201306），电子邮箱：gqhuang@shou.edu.cn。

评论等众多领域，尤其在戏剧上成就斐然，著有《缎子鞋》、《给玛利亚报信》、《正午的分界》、《交换》等作品，被萨特誉为20世纪最伟大的法国戏剧家；作为外交官，从1893年开始他先后被派驻美国、中国、日本、捷克、德国、巴西、丹麦、比利时等国，在中国度过了15年最宝贵的青春岁月，也对中国充满了特殊的感情，是继以往众多传教士之后向近代欧洲文化界推介中国文化的西方第一位著名大作家，开风气之先，对谢阁兰、圣·琼·佩斯、米肖等向往中国的法国文学家产生了深远的影响；作为虔诚的基督徒（天主教），他所有的文学创作，唯一目的就是表现上帝的荣耀，充满了浓重的宗教色彩，有不少作品甚至就直接取材于《圣经》。尤其值得关注的是，克洛岱尔对中国的道家思想有着特殊的偏爱，"道"是他的作品中除了基督宗教的象征之外出现最多的字眼，在他的心目中，道家之"道"和基督之"真理"具有异曲同工之妙，是基督教智慧的不同表现形式。

诗人、戏剧家保罗·克洛岱尔

不过，因为不懂汉语，克洛岱尔对道家典籍《老子》和《庄子》的接受依赖戴遂良（Léon Wieger）的译文，他最终理解的"道"也就很自然地跟老子、庄子门徒心中的道有所不同。诚然，克洛岱尔常常把"道"视为对"宇宙间永恒的平衡状态"的领悟和把握，在这种状态中"万物互通有无，在一种完全不可转移的终极力量驱使下达到了彼此间最美妙的和谐状态，人只有按照自然之道的法则行事，才能事事顺意"，他一直期望能在道家哲学中找到一条能师法或借鉴的"道路"。克洛岱尔要找的绝不是信仰，因为他已经有了对上帝的信仰，他需要的只是一条"道路"，一条获得神恩的救赎之路。"道"对他而言只不过是一种可资借鉴的方法，而绝非目的。《城市》和《第七日的休息》中的主角就是"道"的实践者，如"往西而行"，"离开大地，回归'母'的怀抱"，但是无论如何，所有这些行为中，要最终摆脱罪恶还要靠一样东西：圣灵的光。

克洛岱尔以"道"作为故事主题和画面主旨，主要基于两种考虑：

《时代周刊》1927年3月1日封面

《东方认识》(Connaissance de l'Est)
法文原版于1914年在巴黎出版

首先,他试着赋予"道"的概念更多的基督教色彩。克洛岱尔在道家哲学和道家大师创作的文学中发现了与"神"的理念类似的表述:无所不在和无所不能的水、变动不息的世界中的宇宙大织机、生养天地万物的母亲或乳母。他试图借助充满异国色彩的"道"来影射无处不在的"神",并借以阐发自己的宗教理念。

其次,他在道家思想的源泉中汲取养分,获取新的创造力和智慧,来滋养自己的艺术创作实践。克洛岱尔一直在探寻道家思想真正的精髓,在丰富自己的思想和诗歌语言,因为表述道家哲学的诗化语言的确是个文学宝库。

克洛岱尔对"道"的态度和理解方式可以分为几个方面。

一、对"道"的赞赏

克洛岱尔对老子、孔子和佛陀截然不同的态度很好地表露了他的情感倾向:对"道"充满热情,厌恶佛教的偶像崇拜,对儒家思想漠不关心。

吉勒贝尔·加多弗尔（Gilbert Gadoffre）[1]向我们解释了这位天才剧作家对儒释道三家的态度："他用了37页的篇幅来论述中国宗教，却很少提到儒家，对儒家的重要经典也只是轻描淡写地一笔带过，完全不以为然。但这确实就是克洛岱尔的作风。"[2]

事实上，克洛岱尔非常喜欢《老子》，尤其偏爱《庄子》。他很早就接触到了《老子》的译本。在来中国之前，年轻的克洛岱尔就已经自己翻译了《道德经》的好几章（第5章、第9章等）。根据谢阁兰的说法，"老子深奥的思想"令这位任职天津的年轻法国领事着迷不已。在他第一次阅读《道德经》30年后（1931），克洛岱尔撰写了一篇名为"老子的归去"（le départ de Lao Tzeu）的文章。所有这些都证明了这位大戏剧家对老子的了解其实较为有限。

至于另一位道家大师——庄子，我们从克洛岱尔的日记中可知，戴遂良翻译的《庄子》是他任职日本期间的案头必备书。根据加多弗尔的说法，克洛岱尔可能在赴日本之前，任职天津时就已读过庄子的译著了：在天津，他可能在阅读戴遂良的哲学作品时读到了《庄子》法译本的一些篇章。1932年，他得到了一本双语对照的道家大师们的著作集，其中辑有《庄子》全文。克洛岱尔自己也在《回忆录》中承认："有这样一本道家哲学的书籍，我经常翻看，而且特别喜欢，那就是《庄子》……"[3]

中国哲学中形而上的大胆设问和悖论式的智慧思辨给予了克洛岱尔巨大的启发，他在这段时期的写作中处处留下了这样的思想碰撞的火花。我们可以很容易地找到具有道家思想色彩的引文、描写、评论、暗示及其他的文学痕迹，不论是在他的戏剧、诗歌、散文还是日记中。

1　法国文学史教授吉尔贝·加多弗尔(Gilbert Gadoffre)是公认的克洛岱尔研究权威，下面这段引语出自其1958年在《克洛岱尔专辑》丛书第8辑发表的文章《克洛岱尔与中国万象》[*Chine dans L'oeuvre de Claudel*, University of Manchester (1958)]。

2　"La Chine du XIXe siècle vue par deux consuls de France à Fou-tcheou", in CAIEF, Nø 13, 1961, p. 66.

3　MI, p. 174.

二、喜爱道家，厌恶道教

通常，我们讲的"道家"指的是发端于先秦子学时代的一个哲学流派，与形成于汉代的道教有所区别。狭义的道家思想指的仅仅是老子的学说。这位生活在公元前570年—前490年的哲人将其思想的精华都记录在《道德经》这部唯一的著作中，其核心的理念为"无"和"无为"。

无论是老子的时代还是在其死后的岁月里，"道家"都是以"百家争鸣"的诸子中的一个哲学派别活动和行事的。稍晚些时候，庄子（公元前379—前295）也被尊为道家的灵魂人物，并被认为是老子学说的直接继承者。东汉末年，"道家"这个术语渐渐变成一种创生中的新宗教的名称，这种宗教的神学理论主要是杂糅了巫术、民间秘书（占星、炼金）、长生不老之术的混合体，并尊奉老子为教主。

随着道家和道教的发展，两者相互混同之处越来越多。许多道教人士钻研老子和庄子的著述，从中搜寻道家神学理论及各种迷信的所谓"原始理论"。

事实上，老子只是一位哲学家，从来未曾尝试创立宗教。他的著作《道德经》完全是一部智慧之书，但绝非宗教神学之书。艾琼伯如是说道："道家憎恨传教士，包括耶稣会士，他们总是混淆，或故意把道家哲学——《道德经》、《庄子》、《列子》的哲学——和各种巫术、萨满教、饮食养生术、房中术混为一谈，他们把道家看成是混合了禅宗、瑜伽和妄想（现代精神分裂症学的四大症状之一）的荒诞学说。"

克洛岱尔把道家哲学和道教分得很清楚。我们知道，克洛岱尔在阅读耶稣会士戴遂良的译本前，就接触过道家大师们的著述了。他还特意通过书信向后者请教如何在中国区分宗教和哲学。事实上，克洛岱尔把各种流行的巫术、招魂术、风水堪舆术都归为迷信，将其排除在自己心目中的道家之"道"的外面，并对此进行严厉批评。在《第七日的休息》中，我们能看到他对这种广义的"道教"中的神秘主义和民间迷信的认识。

三、克洛岱尔的"道"：一条具有普世意义的救赎之路

有时，克洛岱尔也自认像一个佛教徒。但是，他始终强烈地排斥佛教，把佛教视为撒旦的化身，其戏剧中"可怖的佛教徒"可资证这一点。他非常欣赏道家学说，却又极端抵触道教信仰。相较于佛教及儒家，克洛岱尔更倾向于道家，虽然他反对道家的灵魂转世说和道德虚无主义，尤其反感道教中各种装神弄鬼的秘术。所幸，他把这些形而下的仪式归为宗教崇拜，并与老庄的哲学清楚地分离开来。

他何以对道家、佛教、儒家如此爱憎分明？为何他如此矛盾地同时盛赞道家又极度贬抑道教？

原因很简单：克洛岱尔心中有一套基于基督教神学意识形态的评判标准，用以衡量基督教以外的一切文化现象。这个唯一的标准，就是他的上帝。克洛岱尔谴责中国传统思想中所有能让他远离上帝的成分，赞扬能拉近他与上帝距离的理念。有此"规矩"在手，他对佛教、儒家，甚至道教都没有表现出丝毫的宽容，从上帝的角度来看，这些都是邪教异端，都是堕入地狱之道。而只有当这三教的智慧、道德观某些方面能用以引导人向上帝敞开心扉时，他就会自然地接受它们。克洛岱尔曾拿《道德经》和《圣经》作比较："福音书告诉我们：（神），只要去探寻他，就能找到！但中国人的'道'从另一个侧面告诉我们：不用去刻意找，自然为之，（神或道）就会降临到我们身上。这两种方法异曲同工，殊途同归。"[1]

虽然克洛岱尔对"道"的认识和体悟多少有些片面，且带有浓重的基督教色彩，但有一点是肯定的：老子的"道"在克洛岱尔的心目中的确是一条神秘、宝贵的救赎之路，他想借用来达到自己的目的。《第七日的休息》中就有大量的关于"神"和"道"两种价值观的对话和冲突。在克洛岱尔看来，只要能达到上帝的国，就都是真理性的"道"。

但是，克洛岱尔把"无为"视为人不求助于外在力量的指引而自我实现的方法。从这个意义上说，上帝的国是不可能通过"无为"而降临的，这是一条绝对

---

[1] 法语原版《克洛岱尔散文集》，伽利玛出版社，1965年。

要抛弃的道路。

对于克洛岱尔，借用道家的主题并非难事。在中国的汉字中，"道"这个字可以指道路、方法、途径。"道"字字形和语意结构本身就提供了丰富的意蕴，这位法国诗人可借以表达自己最高的目的。"道"字的两个组成部分："首"和"辶"又不禁让西方汉学家浮想联翩："道"的真正含义或许是"不停运动着的头和原则"或"第一原动力"。在这样的想象中，道家的核心理念被纳入到基督教神学概念体系中也就不足为奇了。

甚至在日本，"道"这个汉字也能表达各种各样的具有神秘主义特征的哲学、美学方法论体系，就像中国一样，如：禅道、茶道、花道等等。所有这一切，都为克洛岱尔及其同时代的西方知识分子借"道"提供了便利条件。

四、克氏戏剧美学对"空"和"无为"概念的化用和改造

1."无"的概念

在所有的道家概念中，最吸引克洛岱尔的就是"无"。他在自己的戏剧作品中，多次使用车的辐毂和盛放食物的埏埴（陶土制作的饮食器皿）这两个意象，两者所含的"空无"（三十辐共一毂，当其无，有车之用；埏埴以为器，当其无，有器之用）成为他表达自己的哲学、神学理念的最好借喻体。

在《第七日的休息》中，克洛岱尔就用到了轮毂、埏埴和风箱的意象：

你好，广大无边的蓝色深渊！我唤你为"边界"，既在这天地中又不在这天地中，既是时间又非时间，你就是这样圆融混沌的存在。
如同那埏埴，如同那风箱，因蕴含着"无"而"存在"，又仿佛那诗琴；
如同那辐毂，使得轮辋得以连接在一起的，正是内部的"无"；
就是这样，天地万物分有了你的"无"。[1]

从那以后，"无"的概念经常出现在克洛岱尔戏剧的桥段中。在《正午的分

---

[1] 法语原版《克洛岱尔戏剧集》第一卷，第856—857页。

界》中，我们也可见到这样的比较：

这个伊瑟！就像商人们摆在橱窗里让人眼馋的花瓶！¹

同样，《给玛利亚报信》也不乏此种比喻：

阿纳-韦科尔：哪一个能接受更多的东西，是满罐，还是空罐？
哪一个需要更多的水，是蓄水池，还是泉水？²

"无"在老子的思想中具有本体论意义上的基础作用，完全可以和作为形而上的源端的基督教的"神"相提并论："道出于无"；"无，名天地之始；有，名万物之母。故常无，欲以观其妙；常有，欲以观其徼。"

撰写《第七日的休息》时，年轻的克洛岱尔已然把"无"视为"名天地之始"了。对于表现"无"的哲学的意象的借用（埏埴，风箱，诗琴，辐毂）表明，克洛岱尔已经把"无"的意象融入自己的哲学中，变成了兼具实用性和某种形而上的特点的结合（无，可以之储存水，容纳空气，和弦和音，成为交通工具得以运行的必要条件）。在《第七日的休息》的第三幕中，"天"就成了宇宙得以"周行"的辐毂。在描述任何形而上的存在时，"无"总是一种如阿奎那所论证的"不动的推动者"般具有现在性的存在。

但是，我们却也无法找到证据可以证实，这位《认识东方》的作者直接把"无"等同于天地万物"形而上的源端"。直到他来到日本任大使，创作《缎子鞋》后，才借男主角罗德里格之口（罗德里格对日本画家谈论"无"的境界）表达自己对"无"的理解：

乌有造出空虚，空虚造出凹洞，凹洞造出气息，气息造出气泡，气泡造出

---

1 法语原版《克洛岱尔戏剧集》第一卷，第1192页。
2 法语原版《克洛岱尔戏剧集》第二卷，第31、151页。

鼓包。[1]

这个观点可追溯到《道德经》中的第20章："天下万物生于有；有生于无。"

这期间，克洛岱尔始终对"无"的哲学意蕴充满了浓厚兴趣，有时在戏剧中对其重要性和神秘性作了过度诠释。甚至在普鲁艾丝和罗德里格的爱情故事中，他把罗德里格的命运设置成只有在一片神秘的虚无境地中才能得到爱情："我是如此地渴求融入这片充盈我生命的虚空啊！因为我感到，只有在这片绝对的虚空中，我才能得到我想要的一切"。[2]

这片虚空，来自道家哲学所描述的混沌——天地原始状态，是一切的源端。但这种混沌在克洛岱尔这里，并不仅仅是一个封闭未开化的物质世界，而是一种超自然的、作为世界创造者的虚空。

至于剧中反派人物卡米耶，他也感受到了这种神秘虚空的力量："我追随这片虚空，只期待能借以更好得融入您的世界。"

这完全是道家的辩证法。"这无所不在的'无'，是条神秘之途，是'道'，是灵魂，是心性，是审慎的启示，正因'无'，花瓶方能成其形。"这段话可视为对卡米耶的话最好的评论。

卡米耶对普鲁艾丝说的话很好地诠释了《缎子鞋》的作者对"无"的理解。而普罗艾丝的回答则又从另一个侧面讲出了一些基本的东西——"无"是天地之真理、绝对自在的圣灵的一种潜在表现形式：只能神才能填满这"无"（普鲁艾丝语）。

作为一位天主教诗人，克洛岱尔在这容纳一切的充满智慧的"无"中找到了使他产生源源不尽的美学灵感的"终极创造者"的影子。这个"无"被视为是源自道家的美学理念。在中国古代诗歌文学中已经使用了数千年，"无"作为一种艺术法则，往往比"（空间的）实在"更具有表现力（不论是在诗歌还是绘画中）。克洛岱尔发现了马拉美的"留白"诗论与中日古典诗画艺术的某种关联和相似性。他写了大量论文来论述这个问题，甚至在戏剧作品中进行表现。

---

1 法语原版《克洛岱尔戏剧集》第二卷，第874页。

2 法语原版《克洛岱尔戏剧集》第二卷，第700页。

2. 无为

"无为"亦是道家思想中的一个核心理念，其重要性不亚于"无"。这个术语表达了一种顺应自然的生活理念，劝告众人尊重大自然的规律，与天地、自然和睦相处。换句话说，"无为"并非"不为"，而是要顺应自然，不可妄为，不要以人的狂妄与自然作对。

这种东方智慧屡屡出现在克洛岱尔的笔端："明道若昧，进道若退"；"绝智弃辩，民利百倍"。

《第七日的休息》中的"皇帝"和众人诀别，决意去追随"母（Mère）道"的一幕中，我们能清楚地看到其对"无为"的诠释：对"行动"的拒绝。他"惧怕改变"。他是一个"深谙'无为'之妙的人"。事实上，他就是一个老子所描述的超越了形而下的"有为"之道，看透了万物之根本的悟者，他追求的是与天地之"法"合而为一。

在《城市》（第2版）中，我们也能找到"最高明的行动看起来就像没有实行任何行动"（agit aussi comme n'agissant pas）。最高的原则就是"顺其自然"（adéquate à ce qui est）。野心勃勃的城主阿瓦尔一心想要摧毁城市，用"残存的栋梁和石头"建筑一座新城，而具有道家真人风度的智者柯弗尔则一直表示反对："我亲临现场，我观察，但是，仅此而已，我不会伸出手指去拨开未开放的花苞，或是探到母亲的肚子里掏出那个果实。假如你要求我动手去干，去引导我只观察过其永恒的推力的那些力量，要求我说出自己的想法和建议，我的头脑就会空空一片，我的心房就像一片禁地那样拒绝去理解。"

这种对"永恒的变动"（branle éternel）的信仰、沉思和体验来自老子对天地自然的感悟和言说，其"无为"理论就是奉劝人们回归最本源的、处于永恒变化中的万事万物。

从《城市》到《正午的分界》，我们都能看到一条贯穿始终的红线——道家思想。不论是对柯弗尔和梅萨这两个具有共同点的角色的塑造，还是两出戏剧作品在戏剧性、场景设置上，都几乎如出一辙（可见克洛岱尔对表现"无为而无不为"之道的执著和执迷）。更进一步说，梅萨被认为是"超越了普通人对爱情的感性诉求和理性认知"。他停留在中国,而又"没有任何力量","看不到前途,他没有目标地漂泊在位于世界另一端的土地上,无尽的孤独始终笼罩着他"。在他找到自己人生的终极并开始为之奋斗之前,他的所作所为就像《第七日的休息》中漫游阴曹地府归来的皇帝,就像淡然凝视这个混乱无序的城市的柯弗尔一样:他是被推向了伊萨,被某种超越了感官、超越了爱情和欲望的力量,某种更贴近人性的力量,而不仅仅是儿女之情。

我们能看到《正午的分界》全部三幕的背景表明了某种"监狱化"的生存境遇。剧中人物对这"监狱"般世界的顺服和他们的"不作为"姿态很容易让我们想到无为这个概念。这些人物总是表现出"知足常乐"的生活态度。他们总能很好地适应各种生存境遇。

克洛岱尔对这种借用的局限性也看得很清楚。一方面,对他而言,"无为"和"无"都是借以回归上帝的怀抱的"道",因为"无为"和"无"都为上帝的来临留出了自由空间(存在只有在虚空中才能存在,而只有神能填满这种"虚空")。但是,另一方面,迎接上帝的来临又需要付出努力,我们又必须"有为"才能到达上帝的国。"无为"的学说,在这方面与克氏的神学相悖:我们无需在别处寻找真理,因为人能够靠自己找到具有永恒意义和价值的真理。

结　语

事实上,"道"这个主题,就其隐喻功能和丰富的能指性而言,它所表达的形而上的"道路",既可以是道家的,也可以是基督教神学体系的。在克洛岱尔笔下,这个概念的实际所指总是被刻意处理得含含糊糊(惟恍惟惚,其中有象,实不可名也)。但是毫无疑问的是,克氏的"道",源自于圣灵的意志。天生万物之前,"道"就已经存在,这一点倒是又和老子的原初表达相契合了。在克洛岱尔的眼中,这种堪与基督教神学媲美的东方智慧哲学,不失为在中国这片神秘土地上实现与圣神合一的最佳之"道"。

The Meeting of Christianity and Taoism: the Taoism in the Eyes of Paul Claudel

Yu Zhongxian   Huang Guanqiao

Abstract: Paul Claudel is a famous french litterateur of symbolism in the late 19th and the 20th century, and meanwhile a devotional christian, a professional diplomat accredited in many countries. As the first important introducer of Chinese philosophies to the latter-day intelligentsia in his country, he had special interest in the Taoism, and we constate the exuberance of Taoistic elements in several important theatres. In the eyes of Claudel, Taoism is the only oriental philosophy who can match the Christian theology, but also the best "Dao" getting to God in the mysterious Chinese mainland.

Kay words: Paul Claudel ; Christianism ; Taoism

渡边淳一文学在中国的译介与传播

于桂玲[*]

摘　要：本文从译介空白期、译介特点及存在的问题、《失乐园》的阅读和研究、渡边文学研究态势等几个方面探讨了渡边淳一文学从1998年进入中国市场，到2010年左右被全面接受的过程，包括译介、研究特点及存在的问题，并分析了个中原因。阐明渡边文学是在错误定位的前提下进入中国市场的，无论是出版界还是研究界，对渡边淳一文学都存在着基于功利思想的、"归化式"的阅读和研究现象。

关键词：渡边淳一　《失乐园》　译介　研究

渡边淳一生于1933年，曾经是医学博士、外科医生。他于上个世纪60年代末开始发表文学作品。我国最早介绍他的作品是在1984年。直至90年代初期，《花葬》、《无影灯》（又译作《白衣的变态》）和《雁来红》（又译作《红花》）等才被介绍到中国，在当时并没有引起什么特别的重

2006年11月26日，东京帝国饭店，集英社颁奖晚会。作者第一次采访了渡边淳一先生

---

[*] 于桂玲（1969—），文学博士，黑龙江大学东语学院教授，日本东京大学高级访问学者。研究方向为近现代日本文学、中日比较文学。联系方式：哈尔滨市南岗区学府路74号黑龙江大学东语学院（邮编：150080），电子邮箱：aozora00521@hotmail.com。

视。1998年，随着《失乐园》的电影版、电视剧版传入中国，北京文化艺术出版社和香港天地图书联合出版了小说《失乐园》。它所反映的高度物质文明背景下人们精神上的不安和骚动，正好符合当时的中国社会。此后，渡边淳一的情爱小说大量涌入我国，阅读渡边成为"小资"时尚。

随着渡边淳一在我国走红，他被冠以"情爱大师"、"现代男人的代言人"等称号。在日本，三大报纸之一的《读卖新闻》曾评价他为"恋爱的毛泽东"，因为他掀起了中国现代婚恋观的革命[1]。他的一些诸如"一夫一妻制是现代社会随意杜撰出来的相当无理的制度"[2]，"迄今为止的婚姻制度，规定了男人须向妻子承担经济责任，这同卖淫及援助交际相比实际上其本质是一样的"[3]，"要想获得绝对的爱，唯一的办法就是不结婚"[4]等大胆的、反社会伦理道德的言论和思想，既是他"情爱革命"的口号，更是他情爱小说标新立异的独到之处。

渡边文学在中国受众广泛，其代表作大都被译介到我国。回顾渡边文学在我国的译介历程，总结其特点及存在的问题是本文的宗旨所在。

一、译介"空白期"

渡边文学按照其内容分为三类：医学小说、传记小说和恋爱小说。医学小说《死后整容》是其登上文坛（1965年）的处女作；传记小说《光和影》获得直木奖（1970年），确立了渡边淳一在文坛的地位；医学兼恋爱小说《无影灯》是他的第一部连载作品（《每日周刊》，1971年3月至12月）。

我国译介渡边淳一的作品，不是从情爱文学，而是从传记小说开始的。情爱文学的真正译介是在《失乐园》之后。当下，渡边淳一文学的译介达到了与日本同步的速度，几乎到了"渡边写什么，我们就译什么"的程度。但是回顾渡边文学走入中国的20世纪80年代，不难发现，它并没有产生多大影响，其译作也非常滞后于日语原作：1984年，《光和影》（陈喜儒译）在《日本文学》杂志第2

1　参见日本《读卖新闻》2004年11月24日读书栏目。
2　渡边淳一：《男人这东西》，竺家荣译，珠海出版社，2001年。
3　同上。
4　同上。

于桂玲著《渡边淳一情爱文学论》

期发表,这是我国翻译的第一部渡边淳一作品。而其同名日语原作发表于1970年——事隔14年。

1986年到1997年,包括短篇小说在内,渡边淳一文学被我国译介过来的共有17部作品,当时在日本流行的《一片雪》(1982)、《化身》(1985)、《泡沫》(1990)等作品都没有译介过来。尤其是从1993年至1997年这四年间,更是没有一部作品被翻译过来。另外,据调查,我国的村上春树翻译也经历了1992年8月至1996年6月的"断档期"。[1] 究其原因,笔者认为与当时我国的政治环境(外国文学翻译政策)、国际版权限制和社会文化环境有关。

1991年7月10日,中国新闻出版总署颁发了《关于核定外国文学出版任务的通知》。该通知指出:为了搞好社会主义精神文明建设,要限定有外国文学出版权的出版社,禁止出版"内容低俗、格调低下"的外国文学作品。就在该通知颁布的前几天,1991年7月1日中国共产党成立70周年的讲话上,江泽民指出,禁止"指导思想的多元化",不允许"污染社会和反社会主义的思想泛滥",不允许"民族虚无主义和全盘西化"。紧接着7月3日《人民日报》发表了社论,指出:为了识别、打击"国内外敌对势力和平演变的企图,为人民筑起思想上的钢铁长城",一定要"坚持和发扬毛泽东思想"。这篇社论发表的大背景在于:其一,1989年11月9日柏林墙倒塌,象征着长久以来东西方对抗的最有力标志被推倒了;其二,1991年12月26日苏联解体,防止"和平演变"成为大势所趋。

除了政治环境,国际环境方面,国际版权法等也限制了外国文学进入中国。1992年10月中国成为保护文学和艺术品的《伯尔尼公约》成员国;1993年,中国成

---

[1] 参见藤井省三:『村上春樹のなかの中国』,朝日新闻出版社,2007年,第163页。

为世界版权公约国（UCC）。以往那种没有版权而译介外国文学作品的现象变得不再可能。所以，20世纪90年代初期，日本文学译介出现迟缓甚至停滞状态。

到了1996年，"八五计划"圆满完成，并确立了自1996年至2010年的"跨世纪宏伟目标"。1996年7月1日的《人民日报》社论"跨世纪大业与中国共产党——七一献词"提到："从国际来看，两极对抗已为多极化的新格局所取代，和平与发展是当今世界的主流。"与此政治背景相一致，从此以后，外国文学译介的环境变得宽松起来。20世纪90年代后半期，中国的外国文学译介出现了"东山再起"的良好势头。

话虽如此，因为《失乐园》中充斥着大量的性描写，最早引进《失乐园》的文化艺术出版社在1998年引进《失乐园》的时候，虽然对三万余字进行了"加工"、"必要的文学化处理"[1]，但仍然是"冒了很大的风险"[2]。这说明，引进外国文学的宽松程度还不够，这种"有条件、尝试性的宽松"很大程度上来自传统道德与伦理观即社会文化方面的压力，它势必影响引进的原创性和彻底性。

二、译介、传播特点及存在的问题

1997年，小说《失乐园》在日本空前畅销（销售量达到260万册），"失乐园"被评为当年的流行语，甚至掀起了"失乐园现象"。1998年《失乐园》被译介到中国，成为当年的畅销书。随后，1999年文化艺术出版社出版了渡边淳一的7部长篇小说；2003年9月，文化艺术出版社又推出渡边淳一长篇经典全集，包括《失乐园》在内一共有9部作品；同年，四川文艺出版社出版了《光源氏钟爱的女人们》，翌年出版了《冰纹》等。2004年上海人民出版社与日本同步出版了《丈夫这东西》。2005年上海译文出版社出版了《幻觉》[此间还包括上海文艺出版社出版了《曼特莱斯情人》（2000）、《我的，伤感的人生旅程》（2001）、《泪壶》（2001）等]。而2009年北京作家出版社和上海文汇出版社共同购买版权，则进一步说明我国的渡边淳一文学译介不但专业化、系统化，而且走上了正

---

[1] 余敬中：《〈失乐园〉谁是盗版》，载《中华读书报》，1998年7月8日。
[2] 焦雯：《直击渡边淳一 中国版权保卫战》，载《中国文化报》，2010年1月13日。

规化的道路。

由此可见，与同时期被译介到我国的村上春树文学相比，早期渡边淳一文学译介的特点是：并不是由一两个出版社集中出版，也不是由一位译者集中翻译，在专业化、系统化方面有待提高。从译介作品的种类上来看，主要集中在恋爱小说，也被称为"情痴文学"上。从译介的尺度上看，并不是全盘引用，而是有筛选、受限制的"合理化"译介。这种状况随着中国社会环境、文化环境的进一步改善和出版社版权的到期得到了改观：2009年，作家出版社和文汇出版社获得了渡边淳一的版权[1]，它们声称将陆续推出渡边淳一的近百部作品，在译者选择方面也体现了前所未有的专业性、严肃性。到2010年4月，终于推出了由著名翻译家竺家荣所译的《失乐园》的全译本。

总体来说，我国的渡边文学译介存在下述一些问题。

1. 版权意识淡漠

说到版权，不能不提及渡边淳一与文化艺术出版社、上海文艺出版社，珠海出版社等三家出版社之间进行的为期一年有余的版权大战。2008年6月开始，渡边淳一控告这三家出版社侵害了他的版权利益。其中，珠海出版社与渡边淳一曾有过三年的合作关系，文化艺术出版社更长，达10年之久。与北京、上海出版社的官司庭外和解，珠海出版社则赔偿其67万人民币[2]。值得一提的是，版权官司期间，正是渡边淳一的《紫阳花日记》、《熟年革命》、《欲情课》等著作进入中国市场之时。更有甚者，珠海出版社反过来起诉渡边淳一，说他的《一片雪》、《化妆》等两部作品分别委托了两家出版社出版[3]。后来渡边淳一文学的出版权落到上海文汇出版社和北京作家出版社。与长期合作的出版社终止合约，而与其他出版社建立合作关系，这一方面说明渡边文学在中国的紧俏和走红；另一方面说明，经济效益使它的地位相当稳定。

早在版权大战之前，一些小而杂的出版社被利益驱使，盗用大社之名，将其

1　焦雯：《直击渡边淳一中国版权保卫战》，载《中国文化报》，2010年1月13日。
2　同上。
3　同上。

他出版社的繁体版改成简体版发行，从中牟利。例如，1998年《失乐园》的译介就出现了文化艺术出版社、珠海出版社、内蒙古人民出版社、远方出版社等四个版本。其中前两个出版社均称得到了作者允许；后两个出版社盗用香港天地图书的翻译，将其改成简体出版。更神奇的是，经调查，后两个出版社完全否认出版过《失乐园》。另外，渡边的其他作品，如《我的，伤感的人生旅程》（祝子平译，上海文艺出版社，2001年）的中译版与《我伤感的人生旅程》（竺家荣译，珠海出版社，2001年）的翻译内容完全一致。后经调查，竺家荣没有翻译过该书，是珠海出版社盗用其名[1]。

2. 宣传不当

如前所述，渡边淳一文学借着改革开放的春风，在人们婚恋意识相对宽容、成熟的背景下进入了中国读者的视野。渡边文学的大量出版、热卖与出版社紧锣密鼓的宣传相辅相成。遗憾的是，起初几年，渡边淳一文学的定位似乎并不是"情爱文学"，而是"黄色小说"。如，某出版社在《我伤感的人生旅程》（2001）和《男人这东西》（2001）的封面上，用了"婚外情、情感隐私、七旬老翁不老的激情"[2]等暧昧而又蛊惑的字眼，在封二还引用了渡边淳一的话："我是完全沉浸在恋爱中而写作，不是用头脑和知识，而是用身体来写作。"[3]这种宣传可能与当时一些美女作家所倡导的"身体写作"、"下半身写作"正在流行有关。我们知道，渡边所说的"用身体写作"的"用身体"是指亲身体验、亲历亲为的意思，与一味侧重于性描写的"身体写作"不是一回事。出版社的这种"误读"，到底是专业知识的限制还是经济利益策略，不得而知。

再比如，有一些译介过来的作品，如《美丽的白骨》[4]、《化身》[5]等，封底

---

1 笔者拜托东京大学藤井省三教授询问了竺家荣教授，竺教授明确表示并没有翻译过《我伤感的人生旅程》。
2 渡边淳一：《我伤感的人生旅程》，竺家荣译，珠海出版社，2001年。
3 同上。
4 参照渡边淳一：《美丽的白骨》，竺家荣译，珠海出版社，2002年。（其封底介绍是"通过叙述男女主人公的生活与情感经历，揭露了日本医学界的黑暗内幕"，可是这篇作品没有女主人公，更没有情感方面的描写，是一部纯粹的医学小说。）
5 渡边淳一：《化身》，金中译，译林出版社，2002年。

部分的介绍与该作品的内容或作家的创作思想有很大出入，甚至完全相反。

3. 社会文化背景不同导致误读

另外，中日社会文化背景不同，也造成了出版界对作品的误读。如《雪花》（后来译作《一片雪》，郑民钦译，珠海出版社，2002年）封底介绍是这样的："小说中的婚外恋虽有理想主义成分，但从一开始就注定无法摆脱痛苦，美的毁灭是对悖德的爱的否定。"[1] 除了公开出版的图书之外，一些报纸杂志对渡边文学的介绍也存在偏颇之处，如对《魂断阿寒》的评价[2]。这些都是基于社会文化背景不同产生的误读。长期思想文化禁锢之后，对文化道德理念比较超前、更进一步彰显人性的文学作品的理解，有类似"归化"——套用译入国的传统文化理念去阅读理解——倾向的阅读，是不能突破保守主义的桎梏，甚至禁锢思想的后遗症，当然还受更利于读者接受等销售策略的影响。

三、《失乐园》的译介和研究

《失乐园》是渡边淳一的代表作。在渡边淳一的所有文学作品当中，它的受众最多，影响最大。以普通读者阅读和专业学者研究两方面探讨其在中国的接受情况，对渡边文学在我国的译介研究可以起到画龙点睛、以点代面的作用。

1. 读者的认识

笔者于2009年12月以"中国读者阅读的渡边淳一"为题目进行了问卷调查，其关键词一是渡边淳一，二是《失乐园》。调查对象包括日语专业高年级学生25人，高校日语教师60人，非日语专业人士6人。共收回问卷91份。其中读过《失乐园》的有54人，占总人数的59.3%。从性别来看，男性17人（31.5%），女性33人（61.1%），未标注性别4人。从年龄来看，女性中20—25岁的12人，26—30岁的13人，40岁左右的2人。另一方面，男性中20—25岁的4人，26—30岁的4人，共8人。30—39岁4人，40—49岁5人。由此判明，不论男女，20—29岁的读者占大多数。

---

1 渡边淳一：《雪花》，郑民钦译，珠海出版社，2002年。
2 《渡边淳一最新授权〈魂断阿寒〉》，载《中国青年报》，2004年6月6日，特约撰稿人仲江。

见附表：

	第一	第二	第三
《失乐园》定位	社会价值大于文学价值（25人/48.1%）	仅仅是畅销书而已（14人/26.9%）	是大众小说（8人/14.3%）
情死	无必死理由（22人/52.7%）	能够引起共鸣，深受感动（14人/25.0%）	为了达成真爱，唯此一举（8/14.3%）
性描写	是故事发展必需的（29/52.7%）	媚俗（13人/23.6%）	非常唯美，令人向往（6人/10.9%）
男女感情	能够理解，但不会模仿（35人/66.0%）	不是爱情，而是欲望（9人/17.0%）	是真爱（5/9.4%）
阅读理由	描写细腻唯美（12人/21.8%）	受电影《失乐园》的影响（11人/20.0%）	受周围人的影响（9人/16.4%）
作家地位	著名，但不代表日本文学（29人/53.7%）	是代表日本当代文学的著名作家（19人/35.2%）	

此前三年，笔者于2007年调查了新浪网上读者关于《失乐园》的评价。截至2007年4月49日，评价数为381人次，其中有效评价228人次。具体来看，肯定性评价139人次，占61.0%；否定性评价73人，占32.0%；中立性评价16人，占7.0%。其中肯定性评价当中，对《失乐园》性描写的唯美、爱情的崇高、纯粹、爱与性的融合、殉情等做法表示感动与赞同的数据比较多。与此相反，否定性评价里边，对同是爱、性、死的描写则呈现出厌恶、批判等倾向。例如，"并不是真爱"，"只不过是黄色小说，这能叫作艺术吗？"，"不知耻，下流，肮脏"、"死是愚蠢的，没有自信的做法"，"看到的只是动物的本能，完全没有对家庭的责任感"，等等。不过，从肯定性评价远远超出否定性评价这一点可以看出，经历了20世纪60年代到20世纪80年代大约20年间的思想封闭期、20世纪80年代中期到21世纪初期的"改革开放时期"，中国人对性、不伦开始采取宽容的态度。但不能否认的是，这种宽容还伴随着质疑和侧目，并不是彻底的宽容。

与2007年的调查相比，2009年末的调查中否定性评价要少很多（2007年为32.0%，2009年为5.0%），由此可以得出三个结论：（1）经过两年多的变化，外国文学的输入环境更加宽松和完善；（2）出版社方的努力获得了成功，渡边文学被越来越多的中国读者认可，其阅读态度更趋向客观，阅读水准也更接近于渡边文学原貌；（3）从调查对象来看，日语专业的读者比非日语专业的读者对日本文学乃至文化的理解更深入、合理。可见，熟知对方国家的文化背景、社会背景是理解该国家文学乃至文化的前提和必要条件。

2. 矛盾的定位

(1) 出版社犹疑的定位

渡边淳一文学最初被介绍到中国是1984年，被中国读者广泛阅读、被研究界关注则是1998年《失乐园》进入中国之后。随着作品不断被译介和读者层的进一步增加，很多学者开始关注渡边文学，而且包括图书出版界和文学研究界两方面的渡边淳一文学译介研究呈现出相辅相成的正比态势。不过，分析《失乐园》或其他小说的译序或出版社的宣传，再回顾渡边文学译介走过来的道路，我们不难发现这样一个隐含着的事实：起初，出版社对渡边文学的定位不明，对其文坛地位也不确信；对其在中国图书市场能否具备竞争力、能否站住脚也没有足够的信心，属受日本国内影响而为之的尝试性行为。具体来说，体现在渡边小说中所描写的婚外恋主题，应该站在人性的角度褒扬其爱情的纯粹，还是站在传统伦理道德的角度对其进行否定或批判；读者到底会怎么看；它到底能否代表当代日本文学，等等，尚且是未知数。到了2003年，近五年的探索路程证明中国读者接受了渡边文学。出版社也适时地将它的定位从最初的经济利益型升华为"经济利益+文化传播型"。这样，渡边文学才一改原来"犹抱琵琶半遮面"式的羞涩，而以本真的全貌呈现在中国读者面前。

(2) 研究界硬性拔高的定位

从初期研究成果看，在作品解读和作家定位上存在一些问题。

作品解读方面，似乎将《失乐园》理解为维护传统伦理道德的劝善惩恶读本："久木和凛子最后双双殉情，摆脱不了悲剧命运这一情节安排可以看出作家对婚外情持批判态度，使得这篇小说摆脱通俗文学的泥沼，比通俗文学更有深刻的内涵和警世谕人的教育意义……"[1]

---

[1] 黄芳：《一段婚外情的悲剧——评渡边淳一的〈失乐园〉》，载《西安外国语学院学报》，2000年3月，第78页。

例如，作家定位方面，将其与大江健三郎、村上春树相提并论[1]。更有论者称渡边淳一是"当代日本文学大师……不愧为严肃文学作家"[2]。

可见，渡边文学是在错误定位（维护传统道德，反对婚外恋）的前提下进入中国市场的。出版社和研究界对渡边文学的定位是既矛盾又统一的。出版社最初虽然没有明确定位渡边文学，但却含沙射影地将其宣传为黄色小说，这显然是从经济利益角度考虑，为了满足读者的猎奇心理以刺激其购买欲；而研究界将渡边文学定位为维护传统伦理道德的说教小说和严肃文学，提升其社会价值即说教意义，则是为了迎合主流意识形态，便于提高自身论述的学理价值，从而获得学界认同，达到顺利发表的目的。两者都是从功利意义出发，本着为我所用的原则，而忽视或无视了渡边文学的原本面貌。

四、渡边文学研究态势

经笔者调查发现，相对于日本渡边研究的"冷"，中国学者对其研究比较"热"。目前国内研究渡边文学的文献150篇左右，其中，专著1部（原为博士论文）[3]，硕士论文9篇，散见在报纸、专业文学杂志或其他社科类杂志上。报纸上主要是对渡边淳一来访中国、版权之争的介绍以及部分作家、作品研究；学术期刊上主要是对个别作品的解读，系统性、综合性的研究较少；而且有些论述只注重理论，对文本本身的深层挖掘、分析以及实证性的研究做得不够。

与2003年渡边文学大量进入中国图书市场相呼应，2003年、2004年的渡边文学研究也呈现一个新高度；随着渡边文学被越来越多的受众所接受和认可，加上2008年6月的版权保卫战，使其后的渡边文学研究从数量和质量上都有大幅提高（2008年属历年最高点，以此为界，向左至2007年，向右至2011年）。2007—2011年，研究渡边的学术论文在20—30篇以上，比以前的研究翻了一番；从质量和研究内容上看，向高质量、多方位的研究扩展。

---

1 赵爱华：《生存·死亡·性爱——从三位代表作家看当代日本文学走向》，载《世界文化》，2006年第4期，第4页。

2 李琴：《生命本体与伦理道德的尴尬》，陕西师范大学硕士论文，2006年，第1页。

3 参见于桂玲：《渡边淳一情爱文学论》，中国社会科学出版社，2010年。

总　结

可以说，渡边淳一是在错误定位——维护社会伦理道德、反对婚外恋——的前提下进入中国市场的。出版方对市场效益的考虑和研究界对文学的功利性期待、对涉性文学根深蒂固的成见和定式思维都限制、妨碍了对渡边文学作深层次的探究和考察。

对于出版界来说，与经典的实力派文学一样，畅销书也会带来不错的经济效益。尤其一些恋爱文学，由畅销书被硬性升华为经典的例子也不在少数。所以，说得极端一些的话，有时出版界与其说迎合读者的口味，莫如说是在制造流行，用各种宣传手段诱发读者去购买和阅读。正因为如此，它们必须美化、夸大文学作品的价值。

对于学界来说，一些固守传统的文学评论者坚持不为喧嚣的市场所左右，对渡边淳一在中国图书市场的纵横驰骋或冷眼旁观或嗤之以鼻。几千年的伦理道德渗透使他们认为，性是俗物，与精神的高尚纯洁相比，贪恋肉体的欢愉，那只能说是意志薄弱，沉迷于低级趣味。文学虽然被公认为"人学"，但描写人的七情六欲之一的性文学却被打入低俗之列。研究"性文学"同样也被认为是没有什么实际价值和意义的不高尚之举。在学术刊物上发表关于情爱文学的论文，更是难事。所以那些传统学者不屑于去研究渡边文学也就显得理所当然了。

而一些对潮流敏感、易于接受新鲜事物的年轻学者则很容易被市场、被读者的视线所影响。

他们注意到了渡边文学中的异质成分，同时对传统文学批评观中的"文以载道"思想又做不到置之不理。这种对文学的功利性要求，在现代社会虽然逐步被淡化，但其影响尚存。所以即使是纯娱乐消遣的文学，也会被赋予弘扬传统道德的期待。由此产生了当今学术界、出版界对文学以及文学评论产生"升华主题"、"道德说教"等功利上的期待。在这种情势下，年轻学者把渡边淳一文学看作是道德说教小说，既可以认为是学界对主流意识形态的妥协，也可以认为是他们态度上的游弋不定。而新世纪之后，一些学者开始意识到其情爱文学的无功利性[1],人性与道德的冲突[2],对生命价值的强调和肯定[3],等等,这说明正视渡边文学的学术环境已经随着改革开放的深入,全球化、与国际接轨等社会大环境的宽松和人们思想意识的多元化而渐渐形成——再牵强附会地使渡边文学迎合主流意识形态而改变原貌已经变得不合时宜。

A Study on the Chinese Translation and Dissemination of Literary Works by Junichirou Watanabe

Yu Guiling

Abstract: From four aspects including "translation vacuum period", "characteristics and problems of translation", "reading and research on Paradise Lost", and "development of research on Watanabe literature", this paper discusses the translation and reception process of Watanabe literature in the Chinese market from 1998 to 2010, including the translation, the characteristics and problems of research and analyzing the reasons. It reaches the conclusion that Watanabe literature entered the Chinese market in the context of the error orientation. There has been utilitarian thought, "naturalized" reading and studying on Watanabe literature in both the publishing industry and the research community.

Keywords: Junichirou Watanabe; Paradise Lost; Translation; Research

---

1　冯羽:《作为异文化现象的渡边文学——兼论日本文学中的"女"与"自然"》,载《南京晓庄学院学报》,2003年第3期,第46—49页。

2　林蓓蓓:《道德与人性的冲突——论〈失乐园〉叙事的二重性》,载《新疆职业大学学报》,2005年第1期,第50—53页。

3　丁燕:《重寻生命的价值——读渡边淳一〈失乐园〉》,载《文教资料》,2005年第20期,第89—90页。

欲望的小客体*
——蒲松龄《聊斋志异》中的女鬼和狐妖

王 蕾**

摘 要：本文用拉康的"小客体"阐释蒲松龄的聊斋世界里充满诱惑与神秘的女鬼和狐妖的多变形象。拉康将"小客体"定义为人类进入象征界代指的社会而永远失去却又以各种变体昭示其存在的欲望客体。它既在又不在，以各种"介质"形式复现，如声音、目光、乳房、阳具，以及其他无关紧要的东西，言说着这个充满着创伤的社会中主体无法抑制的欲望。中国封建男权社会奴役下的女性被围于庭院之内、剥夺了读书所赋予的认知自己和探索大千世界的权利，沦为男性世界空洞的符码。然而，有别于被封建礼教活埋，孤独、绝望和压抑中终老一生的中国女性，蒲松龄笔下的女鬼或狐妖情感丰富、善于思考、充满活力地展示自己的存在，颠覆了中国传统女性羸弱无助的形象；她们侠肝义胆、菩萨心肠，促进并见证了故事主人公——落魄书生从受压迫的状态走向个人成功的高峰，完成人生的质变。所以，她们对男权象征界的冲击昭示了某种抚慰封建科举考试强加于中国文人身上的创伤、疗救整个民族痼疾的希望与可能。

关键词："小客体" 超自然 女鬼 狐妖 菲勒斯中心主义

---

* 基金项目：上海海洋大学博士启动基金（A2-0302-14-3000-42）。
** 王蕾（1977— ），上海海洋大学外国语学院讲师，复旦大学外国语言文学博士后流动站研究员，研究方向为美国文学。地址：上海市浦东新区临港新城古棕路438弄112号401室（邮编：201306），电子邮箱：lilywangleil@hotmail.com。

一、引言

蒲松龄生活在满族统治下的清王朝前期，其著作《聊斋志异》是中国古典志怪小说的最高峰，其中收录了不少发生在落魄书生和美艳超自然女性之间的奇异而浪漫的爱情故事。蒲松龄用优美、洗练的语言塑造了诸多个性鲜明的花妖、狐怪、鬼神形象，涉及社会生活中人文、科举、爱情、宗教、风俗等方方面面，构成了17世纪中国社会的一个缩影。从民间口头传说中汲取了不少灵感，蒲松龄在作品中设置了一个二元对立的世界——阳间和阴间；在虚构的聊斋天地中，这两个以生和死作为区分的世界的边界却是模糊的，爱情、欲望和恐惧都是超越两界的感性力量，现实和虚幻也是你中有我，我中有你的。通过分析书生和女性鬼狐精怪的爱情故事，我们发现，中国传统女性位于封建礼教阶级社会中的最低等级。她们被封建伦理道德规范剥夺了进行正常社交活动的权利，中国传统女性事实上被"活埋"在男性权威的光环中。即便死去，她们也往往变成阴魂不散的女鬼，或者异变成妖，不得安息，因为中国封建时代男权文化给女性造成的创伤无法愈合。

要真正理解《聊斋志异》的精髓，关键在于正确认识中国封建政治环境中被八股取士制度所毒害、践踏甚至炙烤的封建文人群体。在作者笔下，不少被沉迷于四书五经的书呆子在遇见迷人的女性鬼狐精怪后往往都无法自拔，而这些贞烈的超自然女性都具有坚韧、顽强的个性和诚实的美德，印证了他们内心对美好爱情和正常人际交往的渴望。而在现实生活中，他们的人性和欲望早已被无休止的苛刻考试扼杀，变成百无一用的"爱无能者"。此外，蒲松龄把这些超自然的女性刻画成能治疗男性心理创伤的中介，这反映了他对女性的矛盾心理和对自我实现的热切渴望，但是这仍然是男权主义观念的反映。大部分女性鬼狐精怪都是作为有助于男性"复原"的爱人形象出现的，她们的神奇力量能把失意的男性转变成具有阉割性的封建科举制阴影下的成功者。

法国精神分析学家雅克·拉康（Jacques Lacan）把"小客体"这个术语定义为所有主体对象自人类文化和社会肇始阶段就始终缺失的那部分东西。它既在又不在，它会以各种"介质"形式复现，如声音、目光、乳房、阳具，以及其他无关紧要的东西。[1]它具有多价性，同时又阴魂不散，言说着这个充满着创伤的社会中具有象征意义的男性主体的欲望。本文分析了目光和阳具的象征意象背后的复杂意义，以此揭示超自然女性对于封建社会中考场失意的落魄书生的意义。这种"小客体"的挥发性和多功能性是这篇论文论述的中心，它分析和详述中国男性和女性在身体、精神和灵魂上遭受的暴力创伤，同时，它把女性鬼狐精怪描述成促进封建社会中饱受摧残的失意书生治愈心灵创痕的理想工具。

二、多价"小客体"

心理分析鼻祖西格蒙德·弗洛伊德（Sigmund Freud）认为人类的精神世界源于俄狄浦斯阶段父亲震慑顽童，阻碍幼儿完全占有母体而派生出来的精神存在。而这个"严父"历经发展，最终演变为制约个体的社会习俗和法规，负责监督和约束"自我"（ego）的行为。弗洛伊德的观点无疑暗示人类进入创伤性的社会是以心理上压抑对母体的欲望为代价的。由此，拉康提出了"小客体"来分析弗洛伊德理论体系中"自我"对母体的痴迷或欲望。"小客体"盘踞在拉康的三维世界——即真实界、想象界和象征界——的相交之处，源自于主体进入象征界而经受的"原始分离"，实为一种"自残"行为。它表现为随着幼儿掌握语言技能、进入象征界代指的社会而永远失去却又以各种变体昭示其存在的欲望客体或驱动力；它会促使儿童不屈不挠地找寻自己失落的东西，毕生都不会放弃。简而言之，主体进入象征界，成为具有社会意义的人是以失去自己的一部分为代价的。

拉康把声音、凝视（gaze）、母亲乳房、阳具（phallus）、虚无状态定义为其在现实世界的替代者。而凝视以其虚无缥缈性成为展示"小客体"多价挥发性的有力武器之一。拉康的精神分析理论告诉我们，凝视对想象界初生的"自我"的形成与发展具有至关重要的作用。这个时期，约为6至18个月，幼儿通过母亲赞扬肯定的目光而错把镜中的虚幻形象当作自己在象征界真实存在的标记，从而初步获得一个尚不稳定的"自我"。这就是拉康的想象界或镜像阶段。在此

---

[1] Jacques Lacan, *Écrits: The First Complete Edition in English*, trans. Bruce Fink, New York: W. W. Norton & Company, 2006, p. 693.

之前，幼儿从未产生完全的自我意识。而母亲稳定移情（empathy）的目光使其成为幼儿的"理想自我"（ideal ego）。弗洛伊德在《论自恋》(On Narcissism)（1914）一文中把"理想自我"定义为幼儿陶醉于此时的"完美"自我而衍生出来的精神存在。[1] 它实为未经驯化的浮夸自我和完美母亲形象的结合体。由欲望催生，源于镜中反射形象，"理想自我"既实又虚，实为"小客体"的一个变体。值得一提的是，拉康的想象界看似完满，却充斥着错觉、幻想和欺骗，正如镜中可望而不可即的完美形象。拉康最终在"母性凝视"的基础上又提出了"大他者的凝视"（gaze of the Other）。作为一种假想的外在"凝视者"，它摧毁了主体的主观性，表现出了彻底虚幻性，从而又佐证了他对"小客体"多价性的阐述。"自我"终将冲破或被迫脱离与母亲共生的完美想象界，进入象征界，成为社会学意义上的"人"。而此时的"理想自我"也被代表社会符码的"自我理想"（ego ideal）所替代。"自我理想"的出现标志着幼儿最终脱离母体代表的充盈无缺的想象界，进入象征界并接受其规束与阉割，成长为独立的个体。

　　蒲松龄在《聊斋志异》中聚焦于醉心于博取功名而脱离了现实世界的空疏愚陋的八股腐生。在《儒林外史》的前言中，段江丽指出隋唐时代创设的科举制度的初衷是为朝廷选拔民间优秀人才，却在发展中慢慢偏离了轨道。至清朝，科举考试无论在形式还是内容上都已僵化变质，成为芸芸书生猎取功名富贵的敲门砖。[2] 在等级森严、上下阶层流动渠道不畅的古代社会中，这些书生实现龙门一跃的唯一正途就是参加科举考试博取功名，这也是人生价值的唯一评价标准。在多篇故事中，我们都能感受到科举考试对书生在精神上的摧残，许多读书人皓首穷经，却被这种讲求形式、不求真才实学的考试制度榨干精力，沦为政治选拔制度的牺牲品。他们虽然满腹经纶，却在仕途上屡屡受挫，遭人白眼，遍尝人情冷暖。而蒲松龄笔下的香艳女鬼或狐妖的不期而至将这些郁郁不得志的书生引入拉康的想象界。一旦进入这个世界，他们或痴或狂，完全陷入这些超自然女性的温柔罗网，陶醉于她们——其实是书生"理想自我"的外部投射——眼中自己无限

---

[1] Freud Sigmund, "On Narcissism," *The Standard Edition of the Complete Psychological Works of Sigmund Freud*, vol. 14, trans. James Strachey, London: Vintage, 2001, p.94.

[2] 段江丽：《儒林外史》前言，湖南人民出版社，2009年，第18—19页。

高大的形象。所以，她们的出现使这些深受科举制度蹂躏的书生在严酷的现实中得到一丝喘息。然而，这些艳鬼狐妖同时代表一个被压抑、被边缘化的群体，正应和了拉康描述的真实界对象征界永不停歇的冲击和干扰。这些女性角色游离于"理想自我"和"自我理想"之间，让这些在温柔乡里得到慰藉的落魄书生们鼓起勇气面对残酷的社会现实，最终通过博取功名成就自己。

三、作乱的鬼怪精灵

在男尊女卑的封建时代，相夫教子、贤妻良母是对女性的基本要求。明末清初文学家、史学家张岱在文章《公祭祁夫人文》中写道："丈夫有德便是才，女子无才便是德"。这实际上反映了传统女性是古代两性权利斗争的牺牲品。囿于庭院之内、埋头于锅碗瓢盆之间、被剥夺了读书所赋予的认知自己和探索大千世界的权利，中国封建男权社会奴役下的女性沦为男性世界空洞的符码。拉康在其专著《女性之性》（*Feminine Sexuality*）（1982）中提出女性通往权利之路是接受象征界的阉割，反映其空无残缺，从而满足男性的统治欲望。所以女性进入象征界是以牺牲个性、成为客体为代价的。杰奎琳·罗斯（Jacqueline Rose）这样解读拉康笔下女性在象征界的失声："女人构成一个特殊的种群，同时受到排挤和迷恋，从而满足男性的欲望，映射出他们在具有分裂阉割性的象征界的完整性"。[1] 罗斯说："作为男性的反衬面，女性已完全沦为男性的幻想客体（object of fantasy），成为"大他者"代指的象征界的实质（空无性或话语权）的化身"。[2] 象征界不仅仅体现为话语权，其语言有时因受潜意识不断冲击而失效或变得支离破碎。所以拉康坚持女人在象征界是双面的（doubled）[3]，被强行

---

[1] Jacqueline Rose, Introduction-II, *Feminine Sexuality: Jacques Lacan and the École Freudienne*, by Jacques Lacan, ed. Juliet Mitchell and Jacqueline Rose, trans. Jacqueline Rose, London: Macmillan, 1982, p.47.

[2] Jacqueline Rose, Introduction-II, *Feminine Sexuality: Jacques Lacan and the École Freudienne*, by Jacques Lacan, ed. Juliet Mitchell and Jacqueline Rose, trans. Jacqueline Rose, London: Macmillan, 1982, p.50.

[3] Jacques Lacan, Feminine *Sexuality: Jacques Lacan and the École Freudienne*, ed. Juliet Mitchell and Jacqueline Rose, trans. Jacqueline Rose, London: Macmillan, 1982, p.152.

加上了"大他者"的身份，女性因符码的空无而产生分裂，无法建构内外一致的自我；她同时身处象征界内外，既维护又破坏象征界的话语权。三百多年前的蒲松龄塑造了一群反抗固有社会秩序的妖狐艳鬼，表现出对女性传统刻板形象的质疑，而这种质疑终于在当代精神分析家拉康那里找到了回应。在《聊斋志异》中，有别于"活埋"在封建礼教的牢笼中，在孤独、绝望和压抑中终老一生的中国女性，蒲松龄笔下的女鬼情感丰富、敢爱敢恨、率性不羁，颠覆了中国传统女性赢弱无助的形象。不论身前如何楚楚可怜，死后都具有了巨大的超自然力量。著名汉学家和文学翻译家约翰·闵福德（John Minford）在其英语译作《聊斋志异》（*Strange Tales from a Chinese Studio*）的介绍中这样描述蒲松龄笔下狐狸精的复杂多变性："今天她们是妖娆性感的女性，隔天却变为一堆倒在地上的腐烂毛皮"。[1] 狐狸精从男性欲望对象到骇人的动物尸体的变化暗示了封建等级制带给中国女性的卑贱贬义和封建科举制度带给中国文人的心理创伤，而同时又昭示了创伤痊愈的可能性。

　　蒲松龄笔下的女鬼和狐狸精多为情意绵绵的妖娆绝尘女子，与被封建伦理道德缚于宅院之内的传统女性相去甚远。闵福德写道："《聊斋》故事常有这样的典型情节：一个貌美之极的女子闯入沉迷于故纸堆的落魄书生的房中，一番言语挑逗之后，两人迅速宽衣解带，共赴巫山。"[2] 这些女性百无禁忌，游走于两个世界，点燃了落魄书生压抑已久的欲火。拉康将女人解读为男人的症候，暗示男人在具有阉割分裂性的象征界中的恐惧、绝望与欲望。然而，他同时否认"大他者的大他者"（the Other of the Other）的存在。这个公式点明了对作为男性霸权的反衬、弥补象征界的空无性的女性角色的质疑。蒲松龄在《聊斋》故事中也着力破除男强女弱的老旧两性关系模式。闵福德提到："《聊斋》中，我们经常读到书生被鬼魅狐妖勾引，在温柔乡中被吸取生命元气，最后一命呜呼的情节。"[3] 蒲

---

[1] John Minford, Introduction. *Strange Tales from a Chinese Studio*. By Pu Songling, trans. & ed. John Minford, London: Penguin Books, 2006, p.xxi.

[2] John Minford, Introduction. *Strange Tales from a Chinese Studio*. By Pu Songling, trans. & ed. John Minford, London: Penguin Books, 2006, p. xx.

[3] John Minford, Introduction. Strange Tales from a Chinese Studio. By Pu Songling, trans. & ed. John Minford, London: Penguin Books, 2006, p. xxi.

松龄的过人之处就在于颠覆女性羸弱无助的传统形象，把书生描写为女性无度纵欲的受害者，从而影射封建科举制度对中国文人人性的压抑和禁锢。

蒲松龄笔下的女鬼或狐精恣意纵情，为爱痴狂，多为情场上得意的优雅女子。不过一旦与人婚配，便回归传统的"妇道"——集忠贞、温顺、勤劳、贤惠于一身，拥有了男性所能想象到的完美妻子的所有优点。所以，这些女鬼实为在现实生活中饱受欺凌和践踏的落魄书生的精神幻体。大多数女性侠肝义胆、菩萨心肠，促进并见证了故事主人公——落魄书生从受压迫的状态走向个人成功的高峰，完成人生的质变。与聊斋中多数女鬼稍有出入，借助自己美色专门猎获并杀害意志薄弱书生的女鬼聂小倩是一个吸血鬼式的人物。然而蒲松龄披露聂氏所犯恶行非她所愿，而是受一男魔所迫："小倩，姓聂氏，十八夭殂，葬寺侧，辄被妖物威胁，历役贱务，腆颜向人，实非所乐。"[1] 通过小倩的遭遇，蒲松龄揭示了封建男权社会对中国妇女身心的双重戕害。故事开头，一妇人正与一老婆婆说着话，话音未落，一位风姿绰约而神情清冷的十七八岁姑娘飘然而至，把两人吓了一大跳——这位姑娘便是小倩。老婆婆笑着说："背地不言人，我两个正谈道，小妖婢悄来无迹响，幸不訾着短处。"[2] 小倩的凝视目光代表了神秘出没、无处不在的"大他者"。拉康这样描述"大他者的凝视"：整个世界都在注视我们，尽管它无意引起我们的回望，而我们一旦意识到其存在，我们固有的认知体系就会被拆毁。[3] 有别于前文提到的帮助处于想象界阶段的幼儿构建"自我"的母性凝视，"大他者的凝视"充分吸纳了象征界的空无，它的出场表征着主体（subject）的解体或客体化（objectified）。所以聂小倩的鬼魅目光一方面喻指"失声"的中国女性群体，另一方面将其与小客体联系起来——小倩最终完成了从害人女鬼向贤妻良母的蜕变。

《聊斋志异》中《宦娘》篇俨然是中国历史版的好莱坞故事"人鬼情未了"。宦娘死后一百多年，重返阳间，深深地爱上一个精于琴艺的温姓书生，古

1　蒲松龄：《聊斋志异选》，外文出版社，2004年，第82页。

2　蒲松龄：《聊斋志异选》，外文出版社，2004年，第81页。

3　Jacques Lacan, *The Four Fundamental Concepts of Psychoanalysis*, trans. Alan Sheridan, New York: Norton, 1977, p.75.

彩绘连环画《聊斋志异》之《宦娘》

灵精怪的宦娘想尽办法帮助他与另一位爱琴如命的知性美女——良工结为夫妻。在这个故事里，宦娘和良工的角色其实反映了同一个人的两面——"二重身"（doubling）。宦娘嗜琴，但是死亡和象征界（夫权和父权制度）迫使她无法发出自己的声音。作为宦娘在人世间的化身，良工能通过和书生的结合得到语言赋予现世中人的权利。作为无家可归的游魂，宦娘在这个世界上没有安稳的立命之所，不得不求助于人；作为回报，她利用自己的超自然能力帮助好心的人类成功地实现自我。值得一提的是，故事中两位女性惺惺相惜，和平共处，读者由此窥见典型的中国式一夫多妻家庭妻妾合力扶持丈夫成就伟业的理想图景。囿于时代的限制，蒲松龄最终也未能做到扬弃贬抑女性的那套封建论理道德体系。

《侠女》篇则讲述了金陵贫穷顾生与替父寻仇的侠女之间的爱情故事。顾生博于才艺，但家中贫穷，与病弱老母相依为命，到了二十五岁还无钱娶亲。一日他从外面回家，看见对门新入住的少女从他母亲的房间里出来，大约十八九岁，艳若桃李，而冷若冰霜。看到少女和其母亲常无米下锅，顾生遵循母命，常常接济她们。少女后来频繁出入顾生家，替他母亲操持家务。一天少女从顾生家出来，一改往日冷面，回眸冲他嫣然而笑。顾生受宠若惊，跟着她来到她家。顾生辗转试探，握住了少女的柔荑，少女没有抗拒，欣然与之交欢。鸾颠凤倒之后，

连环画《聊斋志异》之《凤仙》

侠女告诫顾生："事可一而不可再！"[1]少女行为反复，一如蒲松龄笔下的各类鬼怪妖狐，行踪诡秘，让顾生无从应对。后来少女揭示自己与顾生上床实为帮他延续香火："为君贫不能婚，将为君延一线之续。"[2]完全一副侠义心肠。完成使命后少女就消失了，给顾生留下了一个男婴，成为其介入顾生生活的唯一见证。孟子在评价舜婚姻问题时说："不孝有三，无后为大。"有别于用身体取悦男性以换取社会身份的传统中国女性，少女用自己的身体报恩、帮助落魄书生最终摆脱生活和精神双重困境，实在堪称侠女。她其实以顾生救赎者的身份出现，履行完使命之后即消失不见，最终的离开暗合了小客体飘忽游移的特性。

《聊斋》中的鬼狐多以闯入私人空间的作乱精灵的样貌出现。《凤仙》讲述的是父母早亡、颓废不振的书生刘赤水在狐狸精凤仙激励下博取功名，成就人生的故事。一日酒会狂欢后返家，刘赤水"见少年拥丽着眠榻上"。听见刘赤水呵斥，"二人惶遽，抱衣赤身遁去。遗紫绔裤一，带上系针囊"。[3]刘赤水大喜，小心收藏。改日床上丽人八仙派人索回遗失物，最后与刘书生商定用其妹凤仙换

---

1 蒲松龄：《聊斋志异选》，外文出版社，2004年，第102页。
2 同上，第110页。
3 同上，第306页。

取一条灯笼裤，而凤仙也因此沦为交换的商品，充分表露了男权话语下中国女性的附属地位。醉酒的凤仙被人用毯子裹着像礼品一般送到了刘赤水家。"近视之，酣睡未醒，酒气犹芳，赪颜醉态，倾绝人寰。喜极，为之捉足解袜，抱体缓裳"。[1] 传统中国文化对女性饮酒颇有微词，蒲松龄的描写一方面有悖于传统，另一方面则在情节上为男性贪欲侵吞女性肉体做好了铺垫。凤仙无疑被塑造成男性贪婪的窥视下的欲望客体。在半醉半醒、亦痴亦狂的状态下，刘赤水暂时挣脱了象征界的束缚，与欲望客体凤仙完美融为一体。拉康把遭遇小客体描述为"恋尸癖"。强调此时主体欲望无限膨胀，暂时忘却了象征界的分裂阉割性，与小客体赤身相见。[2] 由此可以看出，凤仙的客体和商品化是为了满足男性恋物癖者无边的私欲。

出乎读者的预料的是，凤仙最终成为刘赤水博取功名道路上的精神导师。不满自己的父亲对困窘的刘赤水另眼相待，凤仙激励他："君一丈夫，不能为床头人吐气耶？黄金屋自在书中，愿好为之！"[3] 凤仙转身决绝离去，只留下一面能看见她的影子的神秘镜子。刘生郁闷之极，"视镜，则凤仙背立其中，如望去人于百步之外者。因念所嘱，谢客下帷"。狐精凤仙被作者描写为刘赤水的"道德心"，即弗洛伊德的"自我理想"——用来督导"自我"的工具。弗洛伊德称："'道德心'衍生于俄狄浦斯阶段的严父，后来被社会公德心替代。"[4] 所以，凤仙不再是受男性支配的传统柔弱女性，她的角色打破了男轻女弱的两性格局。

如前文所述，"自我理想"由"理想自我"演变而来，结合了"自我"镜中的完美形象和象征界"大他者"的空无或缺失。于此相对，凤仙精灵古怪多变，游移于刘生的"自我理想"和"理想自我"之间。"一日，见镜中人忽现正面，盈盈欲笑，益重爱之。……月余，锐志渐衰，游恒忘返。归见镜影，惨然若涕；隔天再视，则背立如初矣：始悟为己之废学也。乃闭户研读，昼夜不辍；月余，

---

1 蒲松龄：《聊斋志异选》，外文出版社，2004年，第308页。

2 Jacques Lacan, *Écrits: The First Complete Edition in English,* trans. Bruce Fink, New York: W. W. Norton & Company, 2006, p.658.

3 蒲松龄：《聊斋志异选》，外文出版社，2004年，第316页。

4 Freud Sigmund, "On Narcissism," *The Standard Edition of the Complete Psychological Works of Sigmund Freud,* vol. 14, trans. James Strachey, London: Vintage, 2001, p.96.

则影复向外"。[1] 凤仙的正面代表母性凝视，肯定他的努力付出，而背面则代表"大他者的凝视"，鞭策督导迷茫的刘赤水发疯苦读。有镜中佳人相伴，刘赤水在秋试中金榜题名，最终摆脱生活与精神的双重困境。故事结尾，凤仙断绝与其家族的联系，与刘赤水的小妾共侍一夫，还是落入了封建家庭中相夫教子的娴淑妻子的俗套。

这些形象多变的女鬼颠覆了现存的社会秩序，反映了"小客体"的复杂多价性。而这些脱离现实的书生只有在与这些超自然的女性的争斗或相爱过程中才能够正视现实，与不堪回首的过去决裂，走出自我迷狂，实现对话意义上全新的自我。通过刻画这些兰心蕙性、古灵精怪的狐妖艳鬼，蒲松龄力图拆除一个二元对立的阴阳世界，力图推翻陈旧的封建善恶价值观。正如他在《罗刹海市》结尾言明："花面逢迎，世情如鬼。嗜痂之癖，举世一辙"。[2] 然而，尽管赋予女鬼活人的形体与性情，并且展示了其对人性的重新思考，但受到时代的局限，蒲松龄最终没有跳出封建等级下男性对女性形象的"共同想象"的窠臼。而这些超自然的女性实为漫漫科举路上郁郁不得志的蒲松龄的精神幻体。

The Volatile Objet a: Ghosts and Fox-Spirits in Pu Songling's Strange Tales from Make-Do Studio

Wang Lei

Abstract: This paper employs the volatility of the Lacanian *objet a* to study the significance of the female ghosts and spirits in Pu Songling's short stories. Lacan defines the *objet a* as what is forever-lost upon the subject's entrance into the symbolic, yet keeps coming back in various equivalents, therefore driving the machine of desire. Accordingly, both absent and present, the *objet a* suggests the subject's desire for wholeness in a traumatizing

---

[1] 蒲松龄：《聊斋志异选》，外文出版社，2004年，第316页。
[2] 同上，第172页。

cultural world. In traditional Chinese culture, women take on the fragility of human life in a phallocentric society. This paper suggests the ghosts or spirits as both identified with and deviant from traditional female women. In contrast to the traditional Chinese women vulnerable to male exploitation, these females brim with courage and tricks, escorting the scholars on their hardship-laden trips to personal accomplishment. These women's unrelenting return (suggestive of the absent-present *objet a*) offers the meaning to the other characters' lives.

Key Words: *Objet a;* Uncanny; Ghost; Spirit; Phallocentrism

访谈录

太朴不散，太古无法　东西画魂，立于一画
——法国现代抽象画大师夏杰澜访谈录*

编者按： 夏杰澜（Gérard Charlin，1943—）先生早年毕业于巴黎国立高等装饰艺术学院和巴黎国立高等美术学院，是法国当代知名抽象画派艺术家，目前在巴黎经营一家名为"贝西"（Bercy）的画室。生平痴迷于中国明清古典山水画，尤其钟爱石涛的作品，其绘画作品深受《苦瓜和尚话语录》的影响。他的艺术创作活动跨越了建筑艺术设计和平面绘画两个领域，深受中国山水画的影响，画风磅礴大气，近年创作了一系列大型装饰画，活跃于巴黎、佛罗伦萨、东京、普里蒙特和勒阿佛尔的艺术舞台。

夏杰澜先生的履历：

1961年开始攻读巴黎国立高等装饰艺术学院造型艺术和巴黎国立高等美术学院建筑专业。

1965－1967年担任制动艺术之父尼古拉·舒费尔的助手。

1970年结识法国诗人雅克·普莱维尔，

---

* 夏杰澜（Gérard Charlin）：法国籍，1943年生，法国国立高等艺术和设计学院（亚眠分校）退休教授，画家、建筑师、艺术理论家，代表作包括《自我的准则》（*la règle de je*）等大型抽象系列画。2013年8月14日，远程电话访谈，彼时夏杰澜先生正在筹备2014年的上海个人画展，工作之余欣然接受了本刊黄冠乔编辑的访谈。访谈内容经夏杰澜先生确定，整理成此篇访谈录为本刊刊发。

此后完成了"乖巧的孩子和好动的孩子"这一系列粘贴画。

1972—1973年制作了两部短片，一部是在各大影院上映的"Nichna"，另一部是与路易·阿拉贡合作，曾作为楠泰尔拉丁美洲电影节开幕影片的《巴勃罗聂鲁达的肖像》。

1977年短暂加入纽约和巴黎的概念先锋派之后，他最终又回归了绘画艺术领域。

法国著名画评家Guido Maggori先生曾撰文如此评述夏杰澜先生：

> 他从中国12至17世纪的古典绘画中汲取了巨大的创作能量，也收获了不尽的灵感。中国古典画中"无"、"满"、"空"、"气"的概念，以及独特的精细构图法则，惜墨如金的"虚实相生"哲学，产生了一种静谧而高远的审美取向，他借鉴这些美学元素，在画布上谱写了自己的梦幻之曲。他的构图，就像飞鸟一样自由、轻盈而空灵，在空间中徜徉，不断地挑战自己，这确实需要不同寻常的胆识和品味。作画的他，总是处在一种接近巅峰的临界状态中，他总是在不停地追问美的真谛，把我们带入玄而又玄的美妙艺术胜境。他从不在作品尺寸、空间大小和比例配置上自我设限，他走得更远。他的绘画是沟通中西方绘画美学精神的纽带。看了他的画，我们才明白什么叫作"不拘一格"。但是无论怎样变，他始终没有背离"绘画性"，这是最特别之处。他总是利用另外一整套艺术语言，把观众带入飘渺虚空的美学境界。正因如此，他的画才具有里程碑的意义。他的画既可以放至无限大，也可以缩小放在邮票大小的画框里。他的绘画"空间"，超出了现代物理学所定义的时空范畴，是美学本体论意义上存在范式。他用画笔所呈现的所有可能的："外在"和"此在"，既越出了我们所感知的空间，又时刻不离左右。诚所谓"道之为物，窈兮冥兮；无状之状，无物之象，是谓恍惚也"。[1]

夏杰澜先生多次应邀来上海、深圳举办画展和关于中西绘画艺术的学术讲座，由于近来国内绘画界开始重新评估明清山水画，尤其是石涛这位大家作品的艺术和美学价值，明清山水画因石涛的"浴火重生"而一时炙手可热。面对这种文化现象，本研究中心萌发了采访国外绘画界精英人士，了解一下石涛在域外的

---

[1] 摘自"*Propos recueillis de Guido Maggori*"，http://gerardcharlin.com/regards.htm，中文由黄冠乔翻译整理。

传播和接受状况的想法。本篇访谈录就是在其夫人——来自上海的季女士的帮助下，通过电话访谈的形式完成的。他山之石，可以攻玉，希望这篇原汁原味的访谈记录能帮助我们更好地了解石涛在艺术史和艺术理论史上的价值，从而更加全面地了解明清山水画的现代性和对现当代架上绘画的意义。

本　刊：夏杰澜先生您好，您是法国当代知名的抽象画艺术家，您对以石涛为代表的明清山水画的特殊喜好也在绘画界广为人知。我想请您先谈谈，您是通过何种渠道接触到石涛的作品及其画论的？能否评论一下他的画作带给您的感受？

夏杰澜：我最初是通过程抱一先生的著作《石涛：品味世界的人》[1]（*Shitao, la saveur du monde*）了解到石涛的作品和画论的，然后是浦隆（Plon）出版社出版的《苦瓜和尚画语录》（*Les propos sur la peinture du moine Citrouille-Amère*），译者是Pierre Ryckmann。这不仅仅译著，还有评论和解析，目前还没有英文版。事实上，在法国，甚至可以说在整个西方，能找到的研究石涛的书少之又少。甚至在中国，恕我直言，也没有多少人在真正研究石涛。我去年应邀到深圳关山月美术馆做学术讲座，看了一下深圳图书馆的藏书，大多数是中文，我还无法阅读，也无法带走。所以，对于石涛的生平、画作以及艺术理论，除了这两本书，我就无从获得其他信息了。所幸，这两本书都非常非常精彩，我得感谢作者的辛苦付出。

你问道我对石涛作品的印象。首先，我得说，他的画的确是伟大的作品，宏大、磅礴，是艺术史上不可等闲视之的精品，我们谈论绘画艺术，石涛是绝对绕不开的话题。看他的画，"笔"和"墨"这两个技法层面的高度和谐，绝对是后世模仿者难以企及的。这也是我观看塞尚、达·芬奇、毕加索等人的画最最强烈的感受。总是，石涛是任何一位画家都不可绕过的高峰。

本　刊：我是否可以这样认为，以石涛为代表的明前山水画对您而言具有非常重要的意义？

1　此书的内容收入了程抱一：《中国诗画语言研究》（海外中国研究丛书），江苏人民出版社，2006年，第369页到最后。

夏杰澜：是的，非常重要。当我对中国古典绘画还只有一点点粗浅的认识的时候，我就意识到这种东方风格的艺术形式将是构筑我个人风格的重要基素。我遍览所有当时能找到的关于中国古典绘画的书籍。他的画风，他的"一画"理论，对我来说具有和所有西方绘画史上的大师同等的重要性。如果他生在西方国家，我想他也绝对是惊世骇俗的，和顶级的大师相比也毫不逊色，就像达·芬奇。

本　刊：原来您认为石涛是一个达·芬奇式在众多领域进行开拓的伟大先行者。

夏杰澜：可以这样说。达·芬奇不光是画家，更是工程师、发明家、学者，石涛也是一样，在思想层面，他也完全可以列入中国古典绘画艺术理论领域的集大成者之列。

本　刊：您能否用比较感性的比喻来形容一下石涛的绘画艺术在您心中的感觉？像一杯赐予灵感的醇酒，还是滋润心灵的蜜糖，抑或是别的什么东西？

夏杰澜：那或许更像一杯陈年的老酒。你提到了酒，有趣的是，作为和尚，石涛本人的艺术生涯却和酒有着难解难分的关系。就像你所知道的，石涛曾在杭州生活过一段时间。他在西湖畔搭建了一间茅屋以求安度晚年。那段时间，他病得比较厉害，为此他吃了不少苦头。他常常与酒为伴，事实上，将近600幅作品——占了他毕生创作数量的绝大部分，都是在杭州的最后四年完成的。他当时在杭州的好友朱耷——有点疯劲儿的自号"八大山人"的艺术家，常常来看望他，两人一起饮酒，彻夜长谈，直至烂醉如泥。

他这杯别具一格的"酒"，散发着浓郁的自由气息。石涛在杭州做了很多"出格"的事情，他从来没有停止过追求自由的脚步，事实上，他的行径可以称得上放纵不羁，完全把世俗的所谓礼法和规矩踩在脚下。

本　刊：Guido Maggori先生的文章中称，您认为现当代抽象画最最重要的就是自由精神，这是绘画精神的实质。石涛的自由精神是否是让您感到最能产生感情共鸣的地方？

夏杰澜：没错。自我设限就意味着艺术生命的终结。石涛在任何领域都能率性自然，放任其天性，这是我最为钦佩的地方。程抱一先生评论石涛有如此一句话:"他在这个世界面前转过身去,他充满激情地去尝试艺术领域所有新奇的内容和形式、体验常人无法想象的惊世骇俗的经历,他浑身燃烧着能量,忘记了自己的年龄和疾病,也不再关心自己身在何方。"

本 刊:好的,既然您认为石涛是绘画史上不可绕过的高峰,而且您认为在自由精神上和石涛有情感相通之处,而且这种共鸣完全跨越了时间,在这个意义上,您是否认为石涛的绘画和画论具有现代性?能否谈谈您的理解?

夏杰澜:当然,石涛的绘画艺术和思想极具现代性。真正的艺术品是永恒的,在不同时代都有独特的价值。我想,那么现代性的问题其实可以转化为艺术性的问题,对不对?事实上,石涛比塞尚、毕加索、莫奈、马奈等大师提早了200年对绘画的艺术性作出了极具现代性的描述,就是"一画"(l'unité de l'art visuel)。我引用他的原话:"夫画者,从于心者也。山川人物志秀错,鸟兽草木之性情,池榭楼台之矩度,未能深入其理,曲尽其态,终未得一画之洪规也。行远登高,悉起肤寸。此一画,尽收鸿蒙之外,即亿万万笔墨,未有不始于此而终于此,惟听人之握取之耳。"[1] 换句话说,真正的风景只存在于画家的心中,那是与天地、与宇宙息息相通的绝妙体验,没有真情实意,缺乏内在的心灵震撼,画出的东西就不是艺术。没有这种超越性的"性情"的笔墨只是一堆绚丽的废物。

有意思的是,塞尚也表达过一模一样的绘画理念。塞尚曾对朋友谈论他正在描画的一座大山,他说:"我真正想画的,并不仅仅是你看到的这座山。我想画出一种力量,勾勒出大自然映射在我心中的那份感动。"这真是太有意思了,两位生活在不同文化背景中的人物,相隔两个世纪,却出于某种神秘的感悟,说出了同样的真理。

本 刊:石涛的"一画"论和塞尚的绘画理念的确有异曲同工之妙。不过,石涛的"一画"论包含了非常丰富的内容,并不是仅仅从本体论的角度谈论绘画的立意,在实践角度他也有很多重要的洞见,能否谈谈石涛的艺术体系中对您的创作实践最具有影响力的理念?

夏杰澜:好的,石涛的作品直接给予了我无限的感触,他的《苦瓜和尚画语

---

1 《画语录》,第一章第三段。

录》也总是让我不停地思考。让我想想，我印象最深刻的就是他第四章尊受篇关于艺术感受的理念。有一次在深圳举办讲座时，我谈到过对"天地不变的造型"的感受。石涛在一封写给朱耷的信中说道："我用手说话，你用眼倾听，相顾一笑，天地之意，尽在不言中。"事实上，他的身份是僧人，又是前朝皇室后裔，严酷的政治环境逼得他不得不这样。这里面涉及了石涛画论中两个重要概念："受"和"识"[1]。按照艺术活动的认识规律，"受"总是在"识"之前。请允许我引用石涛的原话："受与识，先受而后识也。识然后受，非受也。"这是所有画家都必须了解的原则。石涛还讲到："画受墨，墨受笔，笔受腕，腕受心。如天之造生，地之造成。此其所以受也。然贵乎人能尊……夫受，画者必尊而守之，强而用之。无间于外，无息于内。"真正理解架上绘画的人，就必须懂得如何适时地把握一瞬即逝的灵感，要时时刻刻把握住自我的生命体验。要放低心态，保持艺术敏感，与外部世界交融化一。以宇宙天地造型为对象进行宏大的构思，才能心指挥手，手指挥笔，笔指挥墨，墨最后形成画，形成最后的表达效果。

就在不久前，我在深圳时，和朋友聊起这个话题，谈到了苏格拉底的"精神助产术"（maïeutique）[2]和那时代流行的修辞术（rhétorique），这两者其实是相冲突的两种寻求真理的方法。"精神助产术"通过不断地提问来引导对话人自己发现真理，绝不直接给出答案，也绝不强行灌输知识。而正是在这种平等探讨的过程中，我们才能最大限度地趋近真理。修辞术则相反，不断用各种精美而内涵丰富的文辞进行论辩，让真理更加模糊。这就好比当今艺术界对"受"和"识"的理解一样。"受"永远是第一位的，从"尊受"中才能产生真正的"识"，大

---

[1] 根据王宏印先生的著作《〈画语录〉文本注译与研究》中的解释（p.35），这两个字原为佛教中的术语，"受"指内心领纳外界刺激所生的感受，亦指眼、耳、鼻、舌、身、意这"六触"，可以包括伦理和审美感受，石涛借指艺术感受过程本身。"识"指意识活动，即包括心的缘虑、思维和了别在内的三种功能。石涛用以指艺术感受之后或与之同时相伴随的认识思维活动。

[2] 苏格拉底的"精神助产术"以独特的教导方式启迪人们对问题的思考，实则体现了人文精神，即一切都经自己思考。他要求他的对手给出关于这些问题的一个概括性说明和总体性定义。当他得到这类定义或说法时，他会进一步问更多的问题，以显示这个定义可能有的弱点。苏格拉底把这套方法比作"精神助产术"，即通过比喻、启发等手段，用发问与回答的形式，使问题的讨论从具体事例出发，逐步深入，层层驳倒错误意见，最后走向某种确定的知识。

谈特谈各种理论完全无助于了解艺术的精髓。

本　刊：能否再谈谈石涛对您的艺术观，或者说绘画理论体系的建构的起到了什么作用？

夏杰澜：严格来说，我自己并没有什么所谓的绘画理论体系，我不属于理论派。我纯粹为了艺术而艺术，并未涉及绘画艺术理论。我认识的画家里面，也多为实践派艺术家，不好意思。但是不管怎么说，我刚才谈到的石涛阐发的"受"的理念触及了架上绘画最本质的东西。我年轻学艺时从梅洛·庞蒂[1]的认识论哲学中得到启发，后来又在石涛那里找到了震撼心灵的印证。如果一定要说我从中得到了什么，我想自己正在形成一种"夏杰澜式"的哲学美学，但这种哲学美学并不诉诸文字，而是直接用画来展现的。

本　刊：我是否可以这样认为，在您看来，更能体现艺术家价值的是艺术本身，而不是艺术理论？

夏杰澜：（颇为激动地说）完全正确。我们为什么要把丰富的艺术作品"简化"为某种艺术理论呢？当然，艺术理论具有某种形而上的普适性，但是和充满了生命的灵动的艺术作品本身相比，它就像是被晒干了的鱼干。现在很多人评价一个艺术家时，往往本末倒置，真是荒唐。

艺术的本质是感性的，而理论则是理性的总结。我们只需要去倾听、去感受艺术家的思想，去体味他激情澎湃的创作过程，蕴于作品中的思考才是真正鲜活的、燃烧着生命力的，就如正午的阳光，而艺术理论则像是夕阳的余晖，不愠不火。所以，对于石涛这样的大家而言，我们绝对不应该把他"简化"为一个艺术理论家。同理，面对塞尚、梵高这些西方巨匠也是一样。艺术和艺术创作是不能被"简化"的。创作永远是第一位的，那才是理论的源头活水。我想你一定知道塞尚和左拉交恶的故事，这两位曾是中学同学，一位酷爱美术，一位喜好文学，原本交情甚笃。将近晚年，左拉写了一本以塞尚为原型的小说《作品》

---

[1] 梅洛·庞蒂(Maurece Merleau-Ponty)，法国著名哲学家，存在主义的代表人物，知觉现象学的创始人。曾在巴黎高等师范学院求学，后来主持法兰西学院的哲学教席，与萨特一起主编过《现代》杂志。主要著作有：《行为的结构》、《知觉现象学》、《意义与无意义》、《眼和心》、《看得见的和看不见的》等，他被称为"法国最伟大的现象学家"，"无可争议的一代哲学宗师"。

（l'Oeuvre），暗示他是个失败的天才，导致两人闹翻。事实上，左拉很了解塞尚，却不了解艺术。我们不能把画家"理论家化"，在艺术的世界里，理论无法真实地反映出艺术家内在世界的宏伟和绚烂。他们都远远走在了理论的前面。

本　刊：谢谢您精彩的论述，这也改变了我看待绘画艺术的角度。艺术家之间的交流是跨越时空的心灵之旅，您能否说说，石涛在您眼中是怎样一个人？

夏杰澜：石涛，就像一个在画室里共同作画的同伴。每当我凝视他的作品，翻看《画语录》中的文字，总感到他就站在身边对我说话。你也知道，我这些年的作品都致力于用色彩的结构表现空间性，空间是非常神秘的东西，每次作画，面对画布，流动的时空的雏形就在脑海里闪现。就像涌动的焰海，我都不需要刻意思考，它就已经在我的体内。事实上，这种灵动的力量仿佛充塞天地，就像石涛说的"无间于外，无息于内"。石涛的画给予了我不少启发，他给我的创作活动镀上了一层金色光辉。我常常从石涛那里获得构思，然后泼洒在画布上，就是这样。

本　刊：您说得玄乎其玄，石涛就好像是基督教中的先知，给予了您充塞天地的"圣灵"的启示一样。

夏杰澜：事实上，石涛就像我家里的一员。但是，这种感觉绝对没有宗教的成分在里面。我从石涛的作品获得的感悟，就效果而言，或许可以和基督教的"启示"作个类比，但绝对不是宗教层面的那种感悟。

本　刊：看来，艺术也好，宗教也罢，上升到了一定的层次，都是具有永恒性和超越性的。好的，非常感谢您在百忙之中接受我的电话采访，您精彩的评述让我受益匪浅。最后，我想再请您简单总结一下您的艺术观。

夏杰澜：我始终认为，真正的艺术，其内在的核心元素是不会随着时间的流逝而褪色的。法国拉斯科洞穴中的史前壁画[1]，又或者石涛的山水画，那些鲜活的色彩，那种对天地造物的情感，其中的哲学美学价值在任何时代都会焕发新的光辉。绘画作品冷却下来的理性结晶，就是艺术理论。我们不能过分高抬理论的价

1　拉斯科洞穴，位于法国韦泽尔峡谷。1940年9月，4名少年在法国多尔多涅的拉斯科山坡偶然发现了该洞。洞穴中的壁画为旧石器时期所作，至今已有1.5万到1.7万年历史，其精美程度有"史前西斯廷"之称。

值，它应当是艺术作品生命的一部分。对于真正的艺术家而言，沟通的语言，就是作品，这是跨越时空的交流，比语言本身更强烈，也更直接。要想真正地了解石涛，就去观看他的作品吧。

本　刊：好吧，那今天就到这里吧。谢谢你的耐心，很高兴和你聊天探讨有关石涛的话题。听夫人说，上海天气炎热，祝你假期愉快、一切顺利，下次再聊！

(本文由上海海洋大学黄冠乔编辑整理)

从抑郁症恐惧到海水浴迷狂*

——18世纪西方社会对海水价值的发现

孟 岗**

摘 要：18世纪西方上层社会普遍存在的对抑郁症的恐惧心理，促使了当时社会中冷水浴文化的流行，而海水浴的医学探索就是在这个社会背景下出现的。到18世纪中期，经过几位医生的前后推动以及贵族阶层对海水浴疗法的实践，海水浴治疗完成了从医学尝试到理论总结的过程。在西方上层社会的引领下，海水浴与海滨度假逐渐成为一种社会时尚。

关键词：抑郁症 海水浴 医疗价值

在现代社会，海岸环境之所以会被广泛认为最适宜人类居住的环境，很大程度上源自海岸环境具有的医疗价值。[1]（从当前学界对于海岸环境的价值分类来看，医疗价值属于海岸环境的实用价值。医疗价值和经济价值、生态价值、精神价值、审美价值等一起构成了海岸环境的价值谱系。[2]）随着医学的发展，现代

---

* 基金项目：本文系中国海洋发展研究中心青年项目（AOCQN201009）阶段性研究成果。

** 孟岗（1974—），博士，中国海洋大学文学与新闻传播学院讲师，目前在美国德克萨斯A&M大学孔子学院任教。研究方向为海洋文化研究。联系方式：青岛市松岭路238号中国海洋大学新闻与传播学院（邮编：266100），电子邮箱：menggang@tamu.edu。

1 Cf. John Hassan, *The Seaside, Health and the Environment in England and Wales since 1800*, Ashgate, 2003.

2 Cf. Stephen R.Kellert,《Coastal Values and a Sense of Place.》D. Whitelaw and g. Visgilio, eds.,America's Changing Coasts: Private Rights and Public Trust, Cheltenham, UK: Edward Elgar, 2005, pp.12-25.

高更《海滨浴场》（油画）

人类对于海岸环境的医疗价值有了丰富的认识。海洋和海岸环境的多种"疗养因子"得到了较为全面的宣传和利用。在我国2000年出版的一本名为《海洋与健康》的著作中这样写道："海洋不仅为我们人类提供了水、钠盐、食物、矿产等一系列物质财富，她还以她独有的美丽为我们提供了一个疗养、健身的理想场所。如果你来到海边，置身于碧波万顷的大海之中时，立即会感到胸怀广阔，心情舒畅。海滨游泳既能锻炼身体，还能治疗疾病。比如，海水含有大量盐分，有杀菌消炎作用，有利于皮肤病的防治。海水起伏拍击，对人体有很好的摩擦作用，对呼吸道、心血管、神经系统均有好处。此外，在海水中游泳，运动量大，海水热容量比淡水大，吸取人的热量多，对肥胖者来说，是一项很好的减肥运动。总之，海水浴、海砂浴、海滨气溶胶、海泥、海滨空气浴、海滨日光浴都是海洋健身的疗养因子。"[1]

---

[1] 张怀明：《海洋与健康》，海潮出版社，2000年，第11页。

对现代社会的人类的来说，海水几乎具有"包治百病"的疗效，但从历史的角度来看，人类对海岸环境医疗价值的认识有一个历史的过程的，也可以说，海岸环境的医疗价值是一种动态的存在，其医疗价值随着时间的推延而不断丰富和提升。

以我国为例。早在1934年，吴抚亭在当时的报刊上发表了名为《谈谈海水浴的益处》的文章，向民国时期的大众宣传"海水澡"的种种益处，其中提到"洗海水澡的好处"，"可说是美不胜举，总起来说，就是能够健康身体"。其中列举了以下主要的"疗养元素"：首先是游泳。认为"游泳是一种对于人体健康最有益的运动；它不仅能使肌肉发育，并且能使身体各部均衡的发育"。其次是清洁身体。"在游泳的时候，一方面运动身体，同时一方面还得以清洁身体。"第三是海水的成分。"海水中不仅含有浓厚的盐质，并且还含有各种的矿质，这些对于人体，都是很有益处的。"第四是海水的消毒功能。"海水有自然消毒的能力，很少有传染的机会。"最后强调的是海水浴的综合性。"世界卫生家常说；日光浴，空气浴，水浴三者，对于人体健康有密切的关系；而今行海水浴的时；这三种浴皆得同时举行，所以对于身体的健康，非常有益的。"至于海水浴能够治疗哪些疾病，当时的专家意见给人们的印象是海水几乎能够包治百病。"海水浴，以及相伴随的日光浴，能治疗神经衰弱、阴痿遗精、阴门搔痒、鬼剃头（即圆行脱发）、肥胖症、烂脚丫（脚气）、鱼鳞癣、痒疹、白癜风、骨软化症、小儿肺病、慢性支气管炎、初期肺结核、便秘等症。"[1] 应该说，这篇文章折射出的是20世纪早期的人们对于海水的神话。

虽说人类对海岸环境的医疗价值在逐渐丰富和深化，但从整个海岸文化的范围来看，海岸环境医疗价值的"大发现时期"出现在18世纪的西方。在那段关键性的历史转折时期，海水和海滨空气的医疗价值得到了系统的医学表述。在特定的社会和历史环境下，伴随着新的洗浴和医疗技术和设施的出现，新观念在整个西方社会得到了推广，促进了海滨度假胜地的出现，从而奠定了现代海滩文化的基础。那么，关于海水浴方面的医学观念的更新是如何出现的？医学领域中的观念更新又是如何推广到大众层面的？18世纪的海滨疗养方式与我们这个时代有何

---

[1] 吴抚亭：《谈谈海水浴的益处》，载《青岛时报·医学周刊》，1934年8月22日。

不同？下文将对这段关键历史时期做重点描述。

当前学界一般认为，西方海水浴文化兴起于18世纪的英国。[1] 而英国海水浴文化的勃兴，又和当时医学界对抑郁症的观念和治疗有着千丝万缕的关联。

说到抑郁症，西方社会对抑郁症的看法和理解随着历史阶段的不同而有着认识上的变迁。抑郁症的希腊文词源是melainachol，即黑胆汁。西方世界对抑郁症的认识，也起源于古希腊的体液学说。古希腊时期，对抑郁的认识主要分两派：一是以生理为主的说法，认为生理上的不健康会影响心理上的不健康，他们奉行"体液论"的理论，认为人的健康受四种体液（黏液、黄胆汁、黑胆汁、血液）所影响。而忧郁就是黑胆汁过多造成的。而作为西方医学之父的希波克拉底，早在公元前5世纪末就提出忧郁是由内在与外在的原因混合而成。但在中世纪，在基督教思想统治下，精神疾病被认为是与肉体无关的一种灵魂疾病，患者被认为是因灵魂犯罪而遭天谴，而忧郁症则被认为是一种恶毒的病症。当时的思想家托马斯·阿奎那（Thomas Aquinas）认为精神疾患的原因和治疗大部分决定于星象所加之于心灵以及鬼怪对于个体的影响。忧郁症患者在这段时期受到诬蔑和迫害，最极端的时候，患者会被当成异教徒。在文艺复兴时期，人们对"忧郁"的看法回归古希腊哲学家，而不是古代医生。例如，哲学家费西诺回归到亚里士多德学派对过度悲伤（忧郁）的看法，并进一步认为哲学家、思想家和艺术家必然比一般人更容易忧郁。杜劳伦斯提到了一个人忧郁时会比不忧郁时有更多的灵感。文艺复兴时期"忧郁"这个词也意指深刻、感伤、复杂，甚至包括天赋。患有严重忧郁症的人，会得到众人的同情与尊敬，再加上一些医疗方法的进展，忧郁患者的境况有所改善。"可以说自盖仑的罗马时代以来，这是忧郁症患者待遇比较好的时期。甚至忧郁成了一种时尚"。[2] 到了17世纪所谓的西方的科学时代，是"理性占统治地位的时代"，人们对抑郁的定义更深刻，当时的医生罗伯特·伯顿（Robert Burton）在《忧郁症的解剖学》（1621）中把忧郁与单一的沮

---

[1] 相关研究参见法国历史学家阿兰·科尔班（Alain Corbin）的《大海的诱惑》（*The Lure of the Sea*）（1994）。在这部具有开创性意义的海滩文化史著作中，科尔班考察和描述了从18世纪中期到19世纪中期西方百年海滩文化史。

[2] 王立国等：《"抑郁"医学含义历史变迁》，载《辽宁中医药大学学报》，2010年第8期，第38页。

丧、烦闷、愚钝、坏脾气、孤僻、敏感等症状区分开来，认为后面这些特质人人都有，不能依此就推断为忧郁病症，更不能依此就说所有人都患有忧郁症。伯顿认为，每个人都有不同程度忍受创伤的能力，创伤的程度和忍受力的程度的较量决定了病症的程度。[1]

伯顿将西方人对抑郁症的认识引入了一个所谓的科学时代，但由于其对精神病理学分类太过宽泛，"任何一种疾病，无论是心理还是身体，都可能被涵括进来"。"精神分裂症、相思病、过分虔诚和社会歧视都被容纳进对抑郁症的解剖中"。[2] 依照伯顿的观点，很多因素比如"太阳太晒"或"太懒散"或"读书用功过度"都可能引发抑郁症。所以在客观上，伯顿的大部头著作造成了当时社会上抑郁症的"泛滥"以及对抑郁症的恐慌。正如美国学者兰赛克（Lena Lenček）所述："虽然这种疾病在古代就有，但在16和17世纪的欧洲情况尤为严重，当时很多人都是沮丧、郁闷、情绪低落、性情暴躁。当时的绘画和雕塑描绘抑郁症病人四处倚靠在废墟之上，脑袋低沉，眼睛呆滞。他们的身体语言传递着精神麻木、绝望和厌倦。"[3]

进入18世纪，西方上流社会对抑郁症有着比较强烈的恐惧感，这种恐惧感不同于中世纪时候的迷信，而是担心他们的统治地位将会被一种疾病所拖垮。这种情况，正如法国历史学家科尔班所描述的那样："事实上，当时的人们很害怕过于身体虚弱，脸色苍白。统治阶级担心他们的身体没有活力，不能像工人们那样可以通过体力劳动获得活力。统治阶层担忧他们的健康将会被慢慢耗尽。社会的精英为他们的虚假欲望、精神萎靡和神经衰弱而担心。他们认为由于自我的狂热和激情，他们的生活将无法与自然节奏合拍，而这将把个体引向社会性死亡（social death）的危险局面。"[4]

为治疗这种让统治阶层陷入绝望和恐惧的疾病，当时的医生首先想到的是水疗法尤其是冷水浴疗法。法国历史学家福柯的在代表作《疯癫与文明》中，对

---

[1] 王立国等：《"抑郁"医学含义历史变迁》，载《辽宁中医药大学学报》，2010年第8期，第38页。

[2] Lena Lenček, Gideon Bosker, *The Beach: The History of Paradise on Earth,* New York : Viking, 1998. p.75.

[3] Lena Lenček, Gideon Bosker, *The Beach: The History of Paradise on Earth,* New York : Viking, 1998. p.75.

[4] Alain Corbin, *The Lure of the Sea,* Berkeley and Los Angeles: University of California Press, 1994. p.61.

17—18世纪西方医学界的冷水浴观念史演变作了一番梳理和分析。他提到，从17世纪末起，水疗就成了西方社会治疗精神疾病的主要方法。福柯提到，关于水疗效用的发现，当时还流传一个故事：当时有一名戴着铁镣的疯人被一辆敞篷车押送到其他地方，但是他设法挣脱了铁镣，跳入湖中。他在拼命游泳时昏厥过去。当他被救上岸时，在场的人都以为他死了，但他却很快恢复了神志，并恢复了正常。以后，他"活了很长时间，再未疯癫过"。据说，这个事件启发了海耳蒙特（Van Helmont），他在疯癫病人"无防备时"将他们投入水中，让他们长时间地泡在水中，而不必担心有什么生命危险。对此，福柯认为："这个故事是否真实，是无关紧要的。而以趣闻轶事的形式传达的一个信息则是确定的：从17世纪末起，水疗法成为或者说重新成为一种医治疯癫的主要方法。"[1] 到了18世纪，冷水浴作为治疗精神疾病的方法得到了更普遍的应用。比如，"杜布莱于法国大革命前夕发布《训示》，对他所认定的四种主要病状（狂暴、躁狂、忧郁和痴呆）都规定使用定期浸洗的方法，对前两种病状还增加冷水淋浴的方法"。在18世纪，相对于一般的水浴，冷水浴被认为治疗精神疾病更具疗效。当然，医生们有关冷水浴的理解带有很多臆想的成分。福柯注意到，18世纪的医生以一种自相矛盾的方式崇拜冷水的疗效。一方面，医生们认为冷水具有冷却作用。因为"这些病是热病，使人的精神亢奋、固体膨胀、液体沸腾，大脑'变得干燥和松脆'"，只有冷水"能把体内多余的火分子排出去"；但另一方面，医生们又认为冷水有加温作用。冷水浴刺激身体表层的血液，可以更有力地将血液推向心脏。血液在心脏变热，并加紧将血液排走和克服毛细血管的阻抗。最终结果是体内循环大大加强，血液和体液流动加速，各种梗阻被打破，自然热力、胃的消化力和身心的活动都得到加强。18世纪医学界用冷水浴治疗抑郁症，主要原因在于医生们又重新用古希腊的"体液说"来理解抑郁症。类似于古希腊医学中的"黑胆汁"，血管内的"黏性物质"如果过于黏稠，就会造成抑郁症。这种情况，就像福柯所归纳的那样："如果心脏向整个机体输送的是这种愈益减弱的、沉重而受到阻滞的血液，如果这种血液是很艰难地渗入大脑的细微动脉，而大脑则需要急速的血液循环才能维持思维活

---

1 福柯：《疯癫与文明》，刘北成、杨远婴译，三联书店，1999年，第154—157页。

动,那么就会造成不幸的梗阻。由此便可以解释忧郁症。"[1]

除了抑郁症,冷水疗法还被认为对其他疾病也同样奏效。当时医生们相信,体内存在着和大脑相串联的隔膜,它被认为是敏感度的主要调节器。隔膜和各种神经紊乱病症相关,如沮丧、歇斯底里、花痴、月经不调,以及贵族常见的精神萎靡。医生们设想,当人们突然浸入冷水之中,就能够激活隔膜,由此激发身体的活动能量。而当人们受到寒冷刺激的时候,身体内部组织收缩,由此刺激体液的循环,加快内脏排泄以及体内肿块的收敛。例如,当时法国生理学家路易斯认为,冷水治疗以一种放松和收缩、缓和与加强的方式运作。冷水浴是稀释血液或排泄血管黏性物质的最好方式。[2]

如果说冷水浴的流行源自贵族阶级对抑郁症的恐惧,那么从冷水浴到海水浴,这个西方海岸文化上的重大历史转折又是怎么实现的?

从文献记载来看,西方世界最早尝试给病人实施海水浴疗法的人是英国医生罗伯特·维迪(Robert Wittie)。1667年,他尝试在海滨城市斯卡伯勒给病人进行海水浴治疗。在他的医疗手册中,把海水当作一种药剂和洗浴浸泡的媒介。他把海水看作替代矿泉水来治疗痛风、寄生虫以及其他疾病的最佳选择。从当时的社会环境来看,这是一项很了不起的创举,他为人们找到了一种对付疾病的灵丹妙药。"当然,对今天的人们来所,喝海水听起来很不可思议,甚至会令我们恶心。但对于17世纪的大多数英国人来说,海水的确是能喝的。当时为了克服海水的味道,人们会把海水掺到牛奶里再喝。"[3] 维迪医生作为"最先吃螃蟹的人",在当时也遇到了质疑声。不过随着时间的推移,越来越多的医生和学者加入了对海水浴的声援队伍之中。

1701年,英国的约翰·弗洛耶爵士写下了专著《冷水浴的历史》,试图从科学的角度来宣传冷水浴的功效。这本书虽然主题是冷水浴,但对当时的海水浴运动也起到了推波助澜的作用。他从古代学者如希波克拉底、塞尔苏斯,以及当时的生理学家和社会权威那里寻找理论依据。他建议市民、室内工作者、体弱的儿

---

1 福柯:《疯癫与文明》,刘北成、杨远婴译,三联书店,1999年,第154—157页。
2 Lena Lenček, Gideon Bosker, *The beach: the history of paradise on earth,* New York : Viking, 1998, p.76.
3 Lena Lenček, Gideon Bosker, *The beach: the history of paradise on earth,* New York : Viking, 1998, p.76.

童、青春期少女以及年轻人都应该洗冷水浴以增强体质强化精神。他说："冷水浴会使得人们感觉寒冷、恐惧和震惊，从而引发神经膜和血管大幅度收缩，变得结实而紧张，使得人体的内部和外部的传导更加快速。不仅外在的感觉在冷水中变得更活跃，我们的活动能力和推理能力都变得更加灵活。"[1] 弗洛耶医生建议病人浸入10度以下的冷水中，而且随后再进行有些强度的运动，比如在冷空气中骑马或散步。他还拿自己做实验，效果良好。他由此作出断言：大海中的洗浴，不仅仅是冷水浴，而且是具有药效的冷水浴。弗洛耶医生的海水疗养方法，一方面源自其医学领域的理论探索，另一方面也迎合了当时人们对民间验方的推崇。在弗洛耶医生之前，西方民间社会就有用海水来治疗寄生虫病和黄热病的传统。甚至早在罗马时代，当时名医迪奥斯科理斯（Dioscorides）就有用海水与蜂蜜混合一起来治病的药方。

在约翰·弗洛耶爵士之后，更多的医生参与了海水浴治疗的普及。1748年，英国的理查德·弗雷温医生（Richard Frewin）尝试把弗洛耶的方法用在一个体弱多病的青年贵族身上。从当年的11月到第二年1月，那位年青人每天在海里洗浴，并且喝下差不多1品脱（约等于568毫升）的海水。经过3个月的治疗，病人获得了痊愈。弗雷温根据这次治疗写下了世界上第一份海水浴疗法的病例，通过病例向人们表明了海水的疗效是多么神奇：从当年的11月17日开始，病人开始每天洗海水浴，到了第四天，病人的状况就有所好转。到11月30号的时候，病人的胃口开始好转。到了12月12日，病人基本上恢复了生机和活力。到第二年1月11日，病人还是每天洗海水浴，但这时身体已经完全康复，之后便开始隔日进行海水浴。到了2月8日，病人康复出院。[2]

在海水浴文化的历史上，英国医生理查德·罗素（Richard Russell）是一个最具份量的代表性人物。在罗素医生这里，海水浴治疗从早期的实验阶段进入了理论提升和社会推广阶段。1750年，罗素医生出版了名为《论海水治疗腺体相关疾病》的医学专著，这本书最初是拉丁文版本，三年后被翻译成英文。这部书在西

---

[1] Lena Lenček, Gideon Bosker, *The Beach: The History of Paradise on Earth*, New York: Viking, 1998, p.76.

[2] Alain Corbin, *The Lure of the Sea*, Berkeley and Los Angeles: University of California Press, 1994, p.65.

方社会的影响,正如兰赛克所形容的:在海滩医疗方面,罗素医生的著作的地位就像是彼得·克拉马的《神奇百忧解》在抗抑郁剂领域中的垄断地位一样。在罗素的影响下,整整一代医生改变了对海水浴的看法。[1]

　　罗素医生认为,海水是自然界中存在的最佳良药,是上天赐予人类的对抗腐烂和腐败的灵丹妙药。他通过对英国海水的海水进行化学分析之后发现,海水的成分堪比矿泉水。他赞美海水中含有的多种矿物质成分:碘、溴、氯化钠、对人体热别有益的氧化镁、氯化钾、泻盐、硫酸钙和碳酸钙。除此之外,海水中的有机物生成一种功效类似当今的多种维生素的"海洋浓汤"。罗素医生将大海看作他的"魔弹",他确信"自然可以依靠自身的能量治愈很多病症",自然也可以被称作"百病克星"。他认为医生最好的方法是去遵循自然之道。海水可以调节腺体分泌,清洁体内系统,抑制体内腐败,激活整个有机体。罗素给病人的处方是:每天早上服用半品脱海水,每天洗海水浴,然后再服用半品脱海水。有些时候,还会给病人做海藻按摩和热海水淋浴。在当时,罗素的病人大都是有钱有闲的便秘症患者。他让这些病人喝海水。依据他的方法,对成人来说,服用1品脱的海水完全可以治好严重的便秘。据当时流传的一个故事,一个病人为了取得满意的效果,竟然在治疗便秘的时候喝下了25加仑的海水。罗素当时定居在英国的布莱顿(Brighton),前来求医的病人络绎不绝,这个地方便由此成为蜚声整个英伦半岛的海滨度假胜地。在罗素的病人中,有患抑郁症的绅士、受痛风病折磨的美食家和痴呆症患者。除此之外,病人中还有很多青春期的少女。她们需要为成为成年女人所遭受的身体折磨做准备。医生的做法是对她们进行冷水刺激,再加上洗浴助手的强制性拥抱,让这些女孩子在感觉窒息之后再将其猛然放开。通过这些方法,来强化少女们的体质,以使其能够在将来承受月经和生育的痛苦。

　　在罗素医生的影响下,当时英国各种医疗机构都争相追赶这股海水浴浪潮。到了18世纪晚期,很多海滨水疗地都开设有医院,而这些医院也通常把海水当作药剂开给病人。在斯卡伯勒、布莱顿和马盖特,病人们都要排着队等着有人往自己的瓶子里灌海水。在一些更为简陋的度假胜地,人们只不过是直接走到海里舀

---

[1]　Lena Lenček, Gideon Bosker, *The Beach: the History of Paradise on Earth*, New York : Viking, 1998, p.77.

取海水饮用。内地的病人可以买到瓶装的海水。当时的报纸登有"来自布莱顿的海水"的广告。据兰赛克所说：当时这种饮用海水的风气一直延续到到1850年前后，最终被饮用瓶装矿泉水取代。[1]

除海水之外，18世纪的西方人也逐渐意识到了海滨空气的医疗价值。当时的医生们考察和对比不同海滨度假地，收集编制数据，并依此建议病人们依据不同的病情选择不同的地方疗养。随着1783年法国化学家拉瓦锡对氧气的发现，人们逐渐意识到新鲜空气对健康的重要性，并开始有了空气浴的意识。例如，生活于那个时代的本杰明·富兰克林对空气浴就很有热情。他每天很早起床，打开窗户之后，依据季节的不同，会裸体在屋子里走上一个或半个小时。[2] 这个时期的科学研究表明，比较所有地方的空气，海滨空气最纯洁，富含氧气，甚至比山上的空气还要优越。由于深信海风和海水联合起来健身效应，一时间，所有的有钱病人纷至沓来汇集海滨，成为当时的一种风气。著名作家简·奥斯汀在其海滨题材的小说《桑底顿》中用调侃的口吻讥讽这种社会风气："除非每年在海滨度过至少6个星期，没人有能确保身体健康。海风和海水浴加在一起效果绝对可靠。胃病、肺病和血液病等毛病都能解决。它们能根治痉挛、肺气肿、败血症、胆病、风湿病。在海边没有人会生病，没有人会没有食欲不振，没有人会没精打采，没有人会浑身没劲。海风能治病、放松、软化，或者强化和振奋，这要看人们需要什么了。如果海风不管事，海水浴就会起作用；如果海水浴不合适，单就海风就能解决所有病症。"[3]

随着"海水"和"海风"这两种最基本的"疗养因子"的发现，西方社会进入对海岸环境的迷狂阶段。从基督教统治下西方社会对海岸的宗教恐惧，到科学时代将海岸当作祛病强身最佳场所，西方社会的海岸观经历了沧海桑田的巨变。从1667年，维迪医生的最初尝试到1750年罗素医生的理论著作的出版，西方社会的海水浴医疗完成了从医学尝试到理论总结的过程。从漫长历史进程中的海岸恐惧到突然间的海岸迷狂，18世纪西方海岸文化的变迁显得非常具有戏剧性。意大利作家巴里科在其小说《海》中有一段文字描述了西方社会对海水从拒斥到迷恋

1　Lena Lenček, Gideon Bosker, *The Beach: the History of Paradise on Earth*, New York：Viking, 1998, p.78.

2　Lena Lenček, Gideon Bosker, *The Beach: the History of Paradise on Earth*, New York：Viking, 1998, p.79.

3　Lena Lenček, Gideon Bosker, *The Beach: the History of Paradise on Earth*, New York：Viking, 1998, p.79.

的戏剧性转变:"去海上,简直不可思议。海是什么?藏垢纳污,传播瘟疫的地方,魔鬼和食人兽的天堂——不管是过去还是未来——它都会让人心惊胆战,而突然之间它却向你发出邀请,仿佛就像一起散散步那么简单,然而你又不能拒绝,因为它是一味药,能治愈你的病,它就是那样客客气气,但又不近人情地要求你跟着它上路去海上,现今这种治疗方式仿佛已经流行起来。那冰冷的、咸咸的、起伏波动的海水,既然它也是治疗方案的一部分,那么即使害怕,也要想方设法地从心理上克服它,把它看作一场挑战。我们肯定在海的怀抱里,各种病症都会慢慢地被化解,因为它,体内象征生命的经脉会畅通,那些错综复杂的腺体又能分泌出富有活力的汁液。不管是狂犬病、抑郁症、不育症、贫血、孤独、邪恶、嫉妒,还是疯狂都能被治愈。"[1]

纵观整个18世纪,由上流社会的病人和迷信海水浴疗法的医生统治着西方世界的海滩。与20世纪以娱乐功能为主的"娱乐海滩"相比,18世纪的海滩称得上是纯粹的"医疗海滩"。在海滩的医疗价值方面,随着科学的进步,海滩医疗的内涵和方式不断丰富,18世纪作为海水浴文化的萌芽时期,有很多方面与后来的海滩医疗有所不同。比如,到了20世纪,随着日光浴的推广,西方人更喜欢袒露身体躺在沙滩上进行日光浴,而之前的西方人为了防止身体被晒黑,在进行海水浴的时候都要选在日出之前和日落之后。虽然海滩医疗的方式随着时代推移而不断变化,但不可否认的是,恰恰是因为从17世纪到18世纪,从维迪到罗素等医生们的共同努力,发现了海水和海风(海洋空气)的医疗价值,从而驱散了西方人对于海洋的恐惧感,唤起对海岸环境的向往和迷狂,从而为后来的海岸文化奠定了基础,海滩逐渐成为了西方现代社会的伊甸园。

回顾海水浴文化兴起的历史,可以发现西方社会海水浴文化的主要的推动者是医生和上层阶级。正是由于统治阶层对于抑郁症的恐慌心理,为医学界的各种海水浴尝试和理论提供了良好的社会环境和社会需求。而正是由于统治阶层对海水浴和海滨度假的实践,对中下层的社会人群产生了一种示范作用。[2] 如同其他社会时尚遵循着从上到下的规律一样,英国贵族和上层社会创造并引领着当时的

---

[1] 亚历山德罗·巴里科:《海》,储蕾译,上海译文出版社,2003年,第41页。

[2] Cf. Jean-Didier Urbain, *At the Beach*, University of Minnesota Press, 2003.

海水浴时尚，吸引着中产阶级和工人阶级来到海滩，从而逐渐改变了西方世界的海岸景观。随着海水浴的普及，英国一些偏僻小渔村在短时间内就发展成了繁华的度假地。到了18世纪末期，英国的滨海度假地和内地大城市之间建立便利的交通，以方便更多的游客前来。[1] 也正是从18世纪末开始，西方的海滩文化逐渐脱离医生的"控制"，人们发展出了更为丰富的海滩活动，比如在沙滩上晒太阳以及在大海中游泳等，医疗海滩逐渐为娱乐海滩所取代。18世纪早期的海滩上，病人必须严格依照医生的安排来进行浸泡，但随着海滩文化的发展，休闲度假的游客逐渐取代病人成为海滩人群的主体，人们逐渐将海滩发展成了社会交往的文化空间。人们来到海滩上，在洗浴健身之外，还"谋求社交、婚姻和商业方面的利益"。[2]

From Melancholy Fear to Sea Bathing Obsession: On the Sea Significance in 18th Century Western Society

Meng Gang

Abstract: In 18th century, there was a fear of melancholy in the upper-class in western society which prompted the cold bath culture at that time. Sea bathing began to appear as a medical exploration against this backdrop. Until the mid 18th century, sea bathing has accomplished the process from practice to theory through several doctors and aristocracy's popularization. Under the influence of the upper society, sea bathing and beach vacation has become a social fashion.

Key words: Melancholy; Sea Bathing; Medical Value

---

1 Peter Murphy, *The English Coast : A History and a Prospect,* Hambledon Continuum, 2009, p.160.
2 John Hassan, *The Seaside, Health and the Environment in England and Wales Since 1800,* Ashgate, 2003, p.17.

附 录

"Me no savvy". The National-popular as a Site for the Construction of Chinese identity by Singers, Songwriters and Settlers in Australia and Britain

Gerald Porter, University of Vaasa, Finland[1]

ABSTRACT: Cultural critics have returned in recent years to the Italian philosopher Antonio Gramsci's concept of the "national-popular" as constituting a crucial site for the construction of a sense of the nation. Gramsci regarded it as a relatively rigid phase of popular knowledge at a given place and time, linked with specific political and social conditions. While both intellectuals and the media play a key role in its creation, it gradually comes to be regarded as the "natural" one. This, he asserted, was at the heart of ideology, a constructed model of society that serves the interests of the dominant. In recent years Joep Leerssen has extended this to representations of national character. In their methodology, Beller and Leerssen (2007) also distinguish between "testable report statements" such as "France is a republic" and "imaginated discourse" such as "the French are freedom-loving individuals", and suggest that the latter should be the focus of imagology studies. The imagologist works with texts as material, attempting to establish the intertext of a given trope rather than the referentiality of that trope to empirical reality. While it is obvious that current attributes concerning a given nation are textual tropes rather than sociological or anthropological data, the less obvious implication is equally true: the cultural context in which these images are articulated and from which they originate is that of a discursive praxis, not an underlying collective [opinion], let alone a 'national' public opinion. To see a literary tradition (which in any case is never monolithic) as if it were generated by a constituent "nation" would be to let essentialism in through the back door.

---

[1] Gerald Porter, English Professor of University of Vaasa, Finland. Research interest: English literature and culture, translation and intercultural communication Email: gepo@uwasa.fi

In this study I examine national and ethnic representations of China in nineteenth century song culture in Australia and Britain, an aspect of the field of oral literature (*orature*). I make a distinction between *auto-* or *self-images*, which characterize one's own identity, and *hetero-images*, which characterize the other. This paper is concerned with the former, self-images of Australians, English, Irish, Scots and Welsh only insofar as they are implied by representations of the hetero-images of China and the Chinese. This paper relates constructions of "Chineseness" in popular songs to a nexus of both traditional and popular-commercial culture and shows how they played a strong role in articulating and constructing such national identities on both the individual and the collective level. They are important arenas for presenting and resolving aspects of social conflict. Attention to the personal appearance, speech mannerisms and characteristic spheres of work were not a recognition of the plurality of identities characteristic of Europeans but, on the contrary, a reduction of China and the Chinese to a series of disjunctive objects as an accompaniment to the dismemberment of China itself between the European powers that began with the Opium Wars of 1840-1.

Key Words: "national-popular"; *auto-* or *self-images*; *hetero-images*

> I will go unto some distant shore, no longer can I stay.
> And on some China Hottentot I'll throw myself away.
> ("On Board the Kangaroo"; music hall song, London c. 1856)[1]

Hottentot. a person of inferior intellect or culture; one degraded n the scale of civilization; or ignorant of the usages of civilized society—*Oxford English Dictionary*

In this study I examine national and ethnic representations of China in nineteenth century song culture in Australia and Britain, an aspect of the field of oral literature (*orature*). Manfred Beller and Joep Leerssen (2007: 28) make a distinction between auto- or self-images, which characterize one's own identity, and hetero-images, which characterize the other. This paper is concerned with the former, self-images of Australians, English, Irish, Scots and Welsh only insofar as they are implied by representations of the hetero-images of China and the Chinese.

In their methodology, Beller and Leerssen also distinguish between *testable report*

---

[1] The dating of composed songs which have been adopted by singers and sung over a period of time is notoriously unreliable. In this paper, which deals with songs which often derive from known songwriters but which have been changed by singers, an approximate date is given on the basis of internal and external evidence, including language, terminology and social detail.

statements such as "France is a republic" and *imaginated discourse* such as "the French are freedom-loving individuals", and suggest that the latter should be the focus of imagology studies. (2007: 28). The imagologist works with texts as material, attempting to establish the intertext of a given trope rather than the referentiality of that trope to empirical reality. (Beller and Leerssen 2007: 28). This means that the number of references to queue ["pigtail"] or the Great Wall of China and the way they interconnect and take on a life of their own is more significant than the empirical existence of the Wall itself. The way of approaching the question of representations of China (or any other culture) refocuses discussion of the actual validity of a certain image away from verifying or falsifying such statements as "do Chinese in the diaspora really run more laundries than other people?", towards focusing on how such representations work as a discursive praxis – in popular literature and elsewhere.

Cultural critics have returned in recent years to the Italian philosopher Antonio Gramsci's concept of the "national-popular" as constituting a crucial site for the construction of a sense of the nation (Hall 1996: 437; Storey 2004: 103-8). Gramsci regarded it as a relatively rigid phase of popular knowledge at a given place and time, linked with specific political and social conditions. While both intellectuals and the media play a key role in its creation, it gradually comes to be regarded as the 'natural' one. This, he asserted, was at the heart of ideology, a constructed model of society that serves the interests of the dominant.

Following Leerssen, this paper shows how, in addition to the media, popular songs, far from being an autonomous form, were part of this nexus of both traditional and popular-commercial culture and played a strong role in articulating and constructing such national identities on both the individual and the collective level. They are important arenas for presenting and engaging with aspects of social conflict. This paper also suggests that the process of creating a national-popular identity can also be seen in the representations of other nations, such as in the construction of China in Australia and Britain from the early nineteenth century, the period of the so-called Opium Wars of 1840-1, to the present.

While a cult of China, both cultural and ideological, swept England in the eighteenth century, the surge of interest in China shown by songwriters in England at the beginning of the nineteenth century coincided with commercial and imperial interests, a process leading eventually to the "Opium Wars" and the dividing up of China between the European powers. This can hardly be inferred from the contemporary songs themselves, mostly sea shanties, which make only passing and trivial references like one to the 'China rat' that a traveller brought home, or the pretty Chinese girls that caught a sailor's eye (Hugill 1984: 120, 353). No songs from that time appear to have treated China, as the later New Zealand song "Across the Line" (c. 1913) does, as a growing trading nation (Colquhoun 1972: 11). In Australia, China only began to be mentioned by singers in the middle of the century, mostly in occupational songs connected with the goldfields, merchant shipping or gangs of sheep shearers. The Chinese were not individualized but portrayed either as isolated and stereotypical figures of fun or as undistinguished groups who represented rivals for jobs in certain occupations such as ship's crews, mining or on farms. The songwriters concentrated on imaging these workers in terms of their efforts to speak English, their physical appearance, or their work attitudes.

Language is an important marker of identity, and speaking a foreign language can bring with it a liberating feeling about such discourse. However, the creative use of English adopted by Chinese labourers led to numerous parodies which often, in fact, drew on other popular theatre and music hall stereotypes rather than bearing any relation to the sounds and structures of Chinese. "The Chinee (sic) Bumboatman", selling food and small items from a small rowing boat, sings:

> "Hitcheekum, kitchee-kum, ya! ya! ya!
> Sailor man no likee me
> No savvy the story of Wing Chang Loo
> Too much of the bober-eye-ee, Kye-eye!" (Hugill 1984: 340).

"The Chinee Bumboatman" was a sea shanty, sung at work on ships sailing the route from China Sea to the coast of Australia. It is a good example of the way the diversity and resourcefulness of Chinese speech was little understood and even less valued. Instead of creolized English being an effective instrument of communication and a unique resource, it is here a mark of the barbarian ["bober-eye-ee"] and a badge of marginalization. Thus representations of Chinese speech in Australia usually relied on a constructed version of the language, as with "no likee" [*he doesn't like*] and "no savvy" [*I don't know*] above. This small repertoire of imagined tags in turn became a touchstone for a supposed Chinese identity: in a bush ballad about Australia's best-known, outlaws, the Kelly gang, who were active in 1878-9, the only action of their Chinese cook is to say (perhaps judiciously) "no savvy" when threatened (Bromley 1989: 211). This is analogous to the mocking versions of Irish and Welsh speech familiar from Shakespeare's time and known generically as "stage Welsh" and "stage Irish". Stage Irish was a form of speech full of expressions like "begorrah" and "top o' the mornin' to you, Brendan" which were not documented in actual speech but took on a life of their own in the oral world of joke-telling and the popular theatre in this mid-nineteenth century.

The construction of identity depends crucially on images which both depict and stand for an assumed reality. Since the Chinese represented a growing minority, already the oldest ethnic group in Sydney, the largest Australian city, there were beginning to be endlessly-repeated references in songs to features not only of speech but physical appearance. These were often cruelly personal: the "New Chum Chinaman" quoted above claims that the Irish would be better "turning his eyebrows upside-down and his skin inside out" and becoming Chinese like him (Fahey, *Give me,* 2009: 19), while the Chinese girl in "The Chinee Bumboatman" quoted earlier has "two eyes like pumpkin seeds, an' slippers two inches long" (Hugill 1984: 340). "The New Chum Chinaman" carries almost a full set of clichés about the Chinese, featuring chopsticks, "pigtails" [queues], baggy pants and baskets slung across his shoulders (Fahey, *Give me,* 2009: 19). This collapsing of diversity into unvarying stereotypes is a form of racism. In Joep Leerssen's words,

> the cultural context in which these images are articulated and from which they originate is that of a discursive praxis, not an underlying collective [opinion], let alone a 'national' public opinion... To see a literary tradition (which in any case is never monolithic) as if it were generated by a constituent 'nation' would be to let essentialism in through the back door" (Beller and Leerssen 2007: 27).

The prevalence of surnames like Taylor, Shepherd, Schmidt and Cordonnier in Europe shows, occupation is identity, and the struggle to find work led to repeated conflicts which were often reduced to a struggle between ethnic groups. Some forty thousand settled in the south-eastern state of Victoria during the gold rush of the 1850s, and thousands more flooded into Queensland in the north when gold was found there in the 1870s. They gained a reputation for being able to sift the spoil heaps for tiny specks of gold, and the fact that very few made more than a bare living from the goldfields led to envy and racial conflicts:

> European resentment of the apparent success of the Chinese first surfaced as petty complaints: Europeans made stereotyped claims that the Chinese muddied the water holes, they worked on the Sabbath, they were thieves, they had insanitary habits, they accepted low wages and would drive down the value of labour. There is no evidence that any of these things were true. But because the Chinese were distinctive in appearance, language and dress, they became classic targets for xenophobia, and surly resentment became systematic

hatred.[1]

However, they were not merely dependant on the toil of other prospectors. They discovered new gold seams themselves and contributed to improving conditions in the mining towns by opening shops and growing vegetables for the prospectors. By the end of the decade, Sydney, Melbourne and Darwin all had Chinatowns. Clashes between Chinese settlers and other groups increased: diggers stormed a Chinese camp at Lambing Field in 1861.

Trouble began late in 1860 with the formation of a Miners Protective League, followed by roll-ups (mass meetings) of European diggers evicting Chinese miners from sections of the field. These events involved the quasi-legal posting of notices to quit, and were carried out ceremonially, with a brass band leading the marchers... The Chinese generally worked in large organised groups, covering the entire ground's surface, so that if there was any gold there, the Chinese miners usually found it. They lived communally and frugally, and could subsist on a much lower return than Europeans. The rural background of most of the Chinese diggers suited them very well to life as alluvial goldminers: they were used to long hours of hard outdoor work as a member of a disciplined team, accustomed to simple sleeping quarters and basic food, and were satisfied with a much smaller return of gold than the majority of Europeans. http://en.wikipedia.org/wiki/Lambing_Flat_riots. Accessed 25.8.2013

The mimetic relation between representation and social reality is particularly problematic in the case of such conflicts which affected the Chinese diaspora in Australia at work. Very few songs or verses from that period lay blame on the Chinese: indeed, the veteran collector Hugh Anderson attributes anti-Chinese sentiments in songs of the period to a single popular versifier Charles Thatcher (personal communication 18.8.2013).

One of the few occupations where these labour disputes were featured in songs was sheepshearing. Labour became increasingly organized in the 1890s: union leaders spoke with a strong voice only on behalf of European settlers, and songwriters took a similar stance: A.B. 'Banjo' Paterson, the most famous Australian popular songwriter of the late nineteenth century, wrote bitterly in his song "Travelling down to Castlereagh" of Chinese gangs, who were excluded from the unions, continuing to work in a row to break a strike in the 1890s (Bromley 1989:175). One song of this period, "New Chum Chinaman", claimed that any Irishman who wanted to be trusted by his employer should change his mannerisms and adopt a Chinese persona. His parodic version of what this persona might be gives a good idea of the stereotypes of the period coalesced around food and language rather than appearance:

> I'll eat my rice with chopsticks,
> I'll learn the lingo too,
> With a *toona mucka hilo, none so fan*,
> And be a Chinese Irishman. (Fahey, *Give me,* 2009: 19).

Ironically the Irish in Australia, who had steadily improved their status from lawless others to what Beller and Leerssen call the "auto-image", normative image of the ideal Australian, once again feared that they would become demonized outsiders without work. In other songs, the humour was more vicious: the anonymous "Union Boy" from the same period threatens to punish a Chinese strikebreaker by scratching out his eyes, throwing him into a hay machine, skinning him alive or turning him into Chinese rice (Fahey, *Solidarity*, 2009).

One result of such bitter rivalry was that, during the following years, the east coast states of Victoria, New South Wales and Queensland imposed increasingly severe restrictions on Chinese rights to employment and settlement: for example, Chinese were virtually excluded from Queensland in the north in 1895. This culminated in the so-called White Australia policy when the federation was established in 1901. Despite the rhetoric of the "Utopia of working men" (sic) which was building the new Dominion, they were not made welcome there. As the sea shanty quoted above, laconically put it:

> "Sailor man no likee me" (Hugill 1984: 340).

The evidence of contemporary songs suggests that, for obvious reasons, these conflicts were little referred to in popular texts such as newspapers, songbooks, and later in film and the social media. They were only indirectly presented, in the form of single unindividualised figuress, marginally present, who offered "local colour". The relation of this nineteenth century praxis to modern Australia is vividly illustrated in the film *Australia* (2008), directed by Baz Luhrmann, which centres on a landowner who personally drives her cattle across northern Australia at the beginning of World War II. She is accompanied by several of her employees. One of these is her Chinese cook Sing Song. Although he is present for most of the film, he is a shadowy figure who barely speaks but is characterised by relentless cheerfulness in the face of hardship. In his incomprehensible speech, his menial occupation and his unfailing loyalty to his boss, Sing Song embodies many of the stereotypes of the Chinese in Australia. Luhrmann's film is historically correct in one respect: rather than "fossicking" [grubbing around] for gold, from the earliest times they typically serviced the needs of the settled population, such as shopkeeping, taking in washing, tending market gardens and, like Sing Song, working as cooks.

The increasing importance of preparing food for gangs of men in the outback (whether criminal or otherwise) has already been referred to. At about the same time that a Chinese cook was working for the Kelly gang, a lament circulated, attached to workers in many occupations, mocking the imperfect way in which Chinese cooks were able to prepare European food:

> The Chinese cook with his crosseyed look,
> Filled our guts with his corned beef hashers;
> He damned our souls
> With his half-baked rolls,
> That had poisoned snakes with their greasy ashes.
> ....
> The cook he had shit on the liver
> And never again
> Will I cut cane
> On the banks of the Queensland river.
> ("The Cane Cutter's Lament". Fahey, *Give me,* 2009: 19)

In "Shearer's Hardships", a man complains in similar fashion to the way a baker who was well qualified to make the sourbread of his own culture, could only produce when attempting to satisfy the taste of a work gang of Scots and Irish (Fahey, *Solidarity,* 2009). However, the examples he gives, of half-baked rolls and half-boiled rice, are quoted from other songs such as "The Cane Cutter's Lament" above.

The film *Australia* shows (in a heavily mediated way) how Chinese cooks continued to fill this occupational niche until the Second World War, beginning to service the rising middle class in the cities as well as landowners and work gangs in the countryside. In neo-Gramscian terms, this attention to personal appearance, speech mannerisms and characteristic spheres of work were not a recognition of the plurality of identities characteristic of Europeans but a reduction of China to a series of disjunctive objects as an accompaniment to the dismemberment of China itself between the European powers that began with the Opium Wars.

The Australian examples discussed in this paper were drawn from songs traditionally performed, but also from song texts published in newspapers and on broadsides. Broadly speaking, to adopt the Finnish folklorist Lauri Honko's distinction, this corresponds to the difference between songs performed in the family and in the market place (1998: 59). The former gives "the opportunity to hear the same song performed several times in approximately the same way and naturally subject to stricter control by the audience than the other, more temporary and unique environment" (Honko 1998: 59). How can Honko's distinction be applied in practice? If we read this first category as the familiar rather than the family, a school playground or a workplace fulfils most of the criteria: a generation of schoolchildren is short, but the songs are repeatedly sung, and also to a great extent policed by the presence of the tradition-bearers, the older children. A workplace like that of the weavers and spinners in the Belfast linen mills led to numerous versions of songs which diverged greatly from each other (Messenger 1988). This applies equally to the Australian songs discussed here, which were often composed by named songwriters but changed significantly in transmission.

In Britain, the earliest representations of Chinese in songs, dating from the 1840s, diverge strongly from those of the eighteenth century, who were represented as cunning, decadent or rigid (Schweiger 128). In the humorous music hall song, composed in 1856, "On Board the Good Ship Kangaroo", in which a waterman is deserted by a laundrymaid, China appears in a list of exotic products brought back from distant places:

> I bought tortoises from Teneriffe, and ties from Timbuctoo,
> A China rat, a Bengal cat, and a Bombay cockatoo. (Hugill 1984: 355)

Leerssen uses the term *imageme* to describe such an image as a "China rat" with all its implicit, compounded polarities (Beller and Leerssen 2007: 344). One example is the way the concept of *heat* was used with reference to China not simply as an empirical descriptive term but to suggest its position as both an extreme and a peripheral culture, and also more subtly, in connection with its raw materials. In Alexander Robb's version of the song "The Highland Shore", collected by Gavin Greig in northeast Scotland in 1906, he refers to the extreme heat encountered there:

> A voyage to China was my desire,
> And when the country to me was known
> I thought the country was all on fire
> Such an awful heat in the Torrid Zone.
> (Shuldham-Shaw et al. 1987: 334)

China here stands for any foreign country that was the object of attention from European countries. Extremes of heat frequently featured in songs in this way, frequently placed in antithesis with the extremes of cold found in Greenland, to emphasise the "naturalness" of the temperate or "moderate" zones of Europe. In a prime example of ideology masquerading as science, writers in the Enlightenment adapted this belief, dating from classical times, to emphasise how the marginal status of societies outside Europe had not just a divine but a cosmological basis. It was during this period that the Eurocentric term "Indo-China" is first encountered.[1] The two ancient civilizations with their very different histories had become subsumed into a single entity. This explains why "The Highland Shore" was recorded at the same time in the same part of Scotland, but with India as the fiery zone:

> A voyage to India was my desire,
> And when that clime unto me was known
> The very world seemed all on fire
> There cheatery [sic] shines in the Torrid Zone.
> (Shuldham-Shaw et al. 1987: 335)

Writing in the nineteenth century, the pioneering Finnish folklorist Elias Lönnrot observed that a horizontal transfer (between singers in the same locality, for example), sometimes founded on a single hearing, was often more radical than the vertical transfer of tradition from one generation to the next (Honko 1998: 57). Making two civilizations as diverse as China and India interchangeable may seem based on simple ignorance of both, but it is found in London literary circles more than a century earlier: Richard Cambridge switched the setting of his poetic tale *The Fakeer* (sic)(1756) from China to India while retaining here and there Chinese words and dashes of local colour (Qian 2005: 207).

Far from suggesting that empirical reality or empirical facts do not exist for the imagologist, this collapsing of distinctions between quite different societies is an example of what Judith Williamson calls "speaking for", a common mark of colonial discourse (1978: 40). Textual variation of this kind is meaningless without also studying the social and performing contexts in which it exists. In the same way, the sailor who added this stanza to the popular song "Donkey Riding" was reducing China to a series

---

1　The term is first recorded in 1886, where it is attributed to the Scottish orientalist John Leyden (1775–1811). The term was later applied to the territories between the two countries, including Vietnam, Laos, Cambodia (*Compact* 1991: 240).

of elementary signifiers:

> Wuz ye ever in Canton [*Guangzhou*],
> Where the men wear pigtails long
> And the girls play hong-ki-kong,
> [Riding on a donkey?
> *Way hay an' away we go!*
> *Donkey ridin', donkey ridin'*
> *Way hay an' away we go!*
> *Oh ridin' on a donkey!*]   (Hugill 1984: 120. Completed from earlier verses)

He did so in the context of increasing trade with China and the existence of significant numbers of Chinese living in London, Vancouver, San Francisco and elsewhere. As Chinatowns began to be set up in European and Australian cities as well as in America, they quickly made an impact on the demographic structure of localities, and also increasingly featured in popular songs.

In the hetero-image Leerssen identifies a tendency to doubling: the same image may have both idealizing and demonizing features, as in the Irish song "George's Quay, or the Forgetful Sailor":

> The vessel crossed the harbour bar,
>   Her course was set for foreign waters,
> To China where they're very wise
>   And drown at birth their surplus daughters.
> (O Lochlainn 1978: 176–77)

This shows how the process of creating a national-popular identity can be seen in the historical trajectory of representations of China: the eighteenth century European approach to China as the Asian counterpart of the European civilization has here been replaced in the period of the so-called Opium Wars of 1840-1 by the imperialist one of a land of barbarians.

However, Honko's distinction between the family and the market place does not offer a way of understanding how such wild and stereotypical images are constructed. Joep Leerssen suggested that it could be done by considering the milieu in which such songs were sung, but in terms of ideologies rather than immediate contexts, since "images work in an epistemological economy of *recognition* value rather than *truth* value" (1992:

282. Original italics). Gramsci describes the "dispersal" of power which happens when hegemony is grounded in the relations and institutions of civil society, where voluntary associations, including so-called private identities like ethnic and sexual identities, become a 'war of position' (Hall 1996: 428). He makes a famous distinction between philosophy and common sense, where the latter is ideology that has been absorbed and become invisible. Common sense is not coherent: it is usually 'disjointed and episodic,' fragmentary and contradictory', containing the residual sediment of numerous philosophical systems (Hall 1996: 431). Gramsci describes common sense as creating the 'folklore of the future, that is as a relatively rigid phase of popular knowledge at a given place and time' (1976: 326n). He altogether refuses any idea of a pre-given unified ideological subject – for example, the proletarian with "correct" revolutionary thoughts or non-whites already endowed with current anti-racist consciousness (see Porter 2008 on the Indian Mutiny). He recognizes the plurality of selves or identities of which the so-called "subject" of thought and ideas is composed. He argues that this multi-faceted nature of consciousness is not an individual but a collective phenomenon, a consequence of the relationship between "the self" and the ideological discourses which compose the cultural terrain of a society' (Hall 1996: 433). One example is the view of China as unchanging which prevailed from the beginning of the nineteenth century. China was represented as a static society, lying outside history. In the words of Samuel Taylor Coleridge (*Table Talk*; 1.1.1823), it was "permanency without progression" (Qian 2005: 172). This view was very durable: as late as 1938, a standard British history of architecture included Chinese buildings, together with Indian and Arab architecture, under "non-historical styles", in contrast with the vigorous development of European and American architecture (Fletcher 1938: xi). This hetero-image of nations that are historically static units with a set of fixed character traits is a familiar feature of modern popular culture ranging from wartime rhetoric to travel narratives.

Gramsci regarded folk song as often taking an oppositional stance to such hegemonic discourse. As he wrote in his Prison Notebooks, "That which distinguishes folksong in the framework of a nation and its culture is neither the artistic fact nor the historic origin; it is a separate and distinct way of perceiving life and the world, as opposed to that of "official" society." (Gramsci 1976: 220). However, he did not consider that song culture somehow stood outside the hegemonic. We have already seen this operating in the way the song "The Highland Shore", quoted earlier, applied the Aristotelian mean to place Europe between countries characterized as experiencing extremes of heat or cold. The same song continues by casting what can only be described as a capitalist's eye over the material riches of China:

> I viewed with raptures of admiration
> Their silver streams and their golden mines
> Their fruitful valleys and rich plantations
> Which nature's beauty so much refines.
> (Shuldham-Shaw et al. 1987: 334)

In the children's clapping game "My Father went to Sea", sung as late as 1992-3 in West Yorkshire, England, but certainly older, China stands for any distant country:

> My father went to China
> To see what he could [see see see,
> And all that he could see see see,
> Was the bottom of the deep blue sea sea sea].
> (Curtis 2004: 426. Text completed from previous verses)

This view of China as the limit of human habitation is very much the same as it was two centuries earlier for Samuel Johnson, who opened his poem "The Vanity of Human Wishes" with the words:

> Let Observation with extensive View
> Survey Mankind from China to Peru
> (Johnson 1971: 83)

Imports of tea from China into Britain had grown very large, and tea had now changed from being a luxury to an everyday drink across the classes. A song from Ireland, which was at that time politically united with England, warmly wishes

> Good luck to them Chinaise (*sic*)
> Who send us o'er the says [*seas*]
> Such a gintale [*genteel*] cup o' tay' [*tea*]
> ("Cup o' Tay"; Henry 1990: 48)

Many narrative songs refer in passing to this huge trade, which also drew investors to settle on the coast of China. An analysis of songs from around the period of the Opium Wars shows, as in Australia, the same increasing familiarity with Chinese products.

The song 'The Chinaman' describes humorously how an Irishman inherits a teagarden in Hong Kong from his uncle and "goes native" as a result. His reaction is a litany of stereotypes of the country, starting with the large profits to be made there

> By what the lawyer says to me, me gold would fill a coach,
> I've eighteen wives already, awaitin' me approach...
> I'm goin' to have me eyebrows shaved one hour before I sail,
> And I'll wear me hair in one long plait, like Rooney's donkey's tail.
> I think I'll make a nice Chinee when I have learned their way,
> Providin' they don't burst me with their strong gunpowder tay. (ll. 9-10, 13-16)
> (O Lochlainn 1978: 92-93)

Here the entirely distinct tradition of the concubine is jocularly subsumed into the popular stereotype of the polygamous barbarian.. In an English shanty version of "On Board the Good Ship Kangaroo", quoted as the epigraph of this study, it will be remembered that the waterman consoled himself with "some China Hottentot" (Hugill 1984: 353). In a combination already encountered, Gavin Greig noted that Andrew Findlay sang in the same song of a "Chinese Indian girl" (Shuldham-Shaw et al. 1995: 365), while Alexander Robb sang of the "tawny hues" of the "black Chinese" (Shuldham-Shaw et al. 1987: 334). Such a promiscuous mingling of epithets is a recurring feature of the imaging of the Chinese. Even more significantly, these songs also show a change of emphasis from the Chinese nation as a historical presence to the Chinese people, usually seen usually but not individualized.

The blithe joking reference to the explosive effects of gunpowder tea conceals a serious trade imbalance which was to have violent consequences: at the beginning of the nineteenth century Britain imported between three and seven times as much from China as she exported in the form of cloth and textiles, and as a result she forced China to import opium to make up the deficit (Roberts 2003: 247; Bai 2002: 381). This led to war in 1840-1, of which William Ewart Gladstone, later to be the leading Prime Minister of the Victorian period, said, "a war more unjust in its origin, a war more calculated in its progress to cover this country with disgrace, I do not know and I have not read of" (Roberts 2003: 252). A modern Chinese historian describes it as "the earliest known spontaneous struggle by the Chinese people against foeign aggression in modern history" (Bai 2002: 391). Since, as Beller and Leerssen emphasise (2007: 28), the hetero-image in popular culture is also a key site for the construction of the autonomous self (the auto-image, it is tempting to look for an ironic reading for a contemporary Irish song like "The Chinaman", which was learnt from a Dublin printer in the early twentieth century, but without any details of how he sang it (O Lochlainn 1978: 210).

It is highly significant that two-thirds of the songs that mention the Opium War are Irish or Scottish: even after the Famine, Irish soldiers still made up a third of the British army (Palmer 1988: 286), and the popular Chinese nickname for the British as *hóng tóu-fa* [Red Hairs] appears to derive from the Celtic contingents in the army (Roberts 2003: 249). As with the Crimean war (Porter 2007), the Scots and Irish were written into a narrative of English nationalism. Thus Gavin Greig and Robert Duncan shown that some songs of the war were taken up by Scottish singers. They collected four versions of the very popular "Susan's Adventures in a Man of War", where a girl follows her lover to China and is wounded:

> She faced the walls of China, her life was not insured.
> (Shuldham-Shaw and Lyle 1981: 480)

Another cross-dressing song was popular in Ireland, "The Jolly Roving Tar" (Laws no. O27; 1957: 94). The daughter of a shipowner resolves to "go breeze [*depart for*] the Chinese war" in search of her lover (Henry 1990: 293). The telling detail in both these songs is that, although the plot is enacted entirely within the parameters of the Mulan story of the "woman warrior", "the Chinese war" represents only an exotic backdrop to what remains an entirely Anglo-American narrative.

The central concept of the present paper has been the predominance of the hetero-image over the self-image in the songs discussed. Stereotypes, wrote bell hooks, "are a fantasy, a projection onto the Other that makes them less threatening. Stereotypes abound where there is distance" (1992: 170). The images of Chinese people in Australia and Britain discussed here were without exception mediated by white men and women who, while they worked beside individual Chinese, could not see the people behind the identity they had created. The question of authenticity was never raised. In creating a hetero-image of China, these songs also created auto-images of Australian and Anglo-American cultural identity.

The key arena of confrontation was seen by singers, songwriters and settlers alike to be the dominant social marker, language. Ironically, speech was a point of conflict where they, as Australians, Scots and Irish, were themselves the targets of mockery and parody. The forced Irish rhyme of *Chinese/Chinaise* with *seas/says* in "Cup o' Tay", quoted earlier, is an example of the way the distinctive features of countries were subordinated to chance verbal echoes: thus Turks were credited with industrious habits simply because *Turk/work* made a convenient rhyme (Porter, forthcoming). When the Other speak at all in these songs, they do not speak in their own tongue but are spoken for, using the voice of the dominant culture as best they can, usually with comic or reductive effect. In none of the songs from Britain and Ireland do the Chinese speak for themselves; in the Australian songs they only speak a restricted form of English, not their mother tongue. When the narrator speaks, the Chinese are even more distant. They do not have voices of their own but are being spoken for, and in this ventriloquism of "speaking for" rather than "speaking" by", ideology gains its momentum.

WORKS CITED

Bai Shouyi, *An Outline History of China*. Revised ed. Beijing: Foreign Languages Press. 2002.

Bell, David, and Gerald Porter eds. *Riots in Literature.* Newcastle: Cambridge Scholars Publishing, 2008.

Beller, Manfred, and Joep Leerssen, eds. *Imagology. The cultural construction and Literary Representation of National Characters: a Critical Survey.* Amsterdam: Rodopi. 2007.

Bromley, David ed. *Bush Ballads of Australia.* Frenchs Forest: Currawong Press. 1989.

Colquhoun, Neil. *New Zealand Folksongs. Song of a Young Country.* 2nd ed. Wellington, NZ: AH and AW Reed, 1972.

Compact English Dictionary. 2nd edition. Oxford: Clarendon Press, 1991.

Curtis, Mavis. "A Sailor went to sea. Theme and Variations". *Folk Music Journal.* Vol. 8, no. 4, 2004. 421-37.

Fahey, Warren. *Australia's on the Wallaby. Songs of Pomp and Circumstance.* CD 180, booklet. [n.p.] Bodgie productions, 2009.

—. *Bushrangers, Bolters and other Wild Colonials.* CD 169, booklet. [n.p.] Bodgie productions, 2009.

—. *Give me a hut in my own Native Land: Colonial Settlers.* CD 171, booklet. [n.p.] Bodgie productions, 2009.

—. *Solidarity Forever. Australian Songs of Struggle and Strife.* CD 179, booklet. [n.p.] Bodgie productions, 2009.

Fletcher, Banister. *A History of Architecture on the Comparative method.* London: Batsford. 1938.

Gramsci, A. *Selections from the Prison Notebooks.* Ed. Quintin Hoare and Geoffrey Nowell Smith. 1971. London: Lawrence and Wishart, 1976.

Hall, Stuart. *Critical Dialogues in Cultural Studies.* D. David Morley and Kuan-Hsing Chen. London: Routledge, 1996.

Henry, Sam, ed. *Sam Henry's Songs of the People.* Ed. Gale Huntington and Lani Herrmann.

Athens, GA: University of Georgia Press, 1990.

Honko, Lauri. *Textualising the Siri Epic*. FFC 264. Helsinki: Suomalainen Tiedeakatemia. 1998.

hooks, bell. *Black Looks. Race and Representation*. Boston: South End Press, 1992.

Hugill, Stanley, ed. *Shanties from the Seven Seas*. 1961. Second ed. London: Routledge, 1984.

Johnson, Anthony. Notes towards a new Imagology. *European English Messenger* 14. 1. 2005. 50-58.

Johnson, Samuel. *The Complete English Poems*. Ed. J. D. Fleeman. Harmondsworth: Penguin. 1971.

Lambing Flat Riots. http://en.wikipedia.org/wiki/Lambing_Flat_riots. Accessed 25.8.2013.

Laws, G. Malcolm. *American Balladry from British Broadsides*. Philadelphia: American Folklore Society, 1957.

Leerssen, Joep, and K. U. Syndram eds. 1992. *Europa provincia Mundi*. Amsterdam: [n.p.].

Messenger, Betty. *Picking up the Linen Threads. Life in Ulster's Mills*. 1978. Belfast: Blackstaff Press, 1988.

O Lochlainn, Colm, ed. *More Irish Street Ballads*. 1965. London: Pan Books. 1978.

Palmer, Roy. *The Sound of History*. Oxford: Oxford UP, 1988.

Porter, Gerald. 'India as Narrative: Representations in Ballads and Popular Songs'. Nicolae Constantinescu ed., *Ballad and Ballad Studies at the Turn of the Century*. Proceedings of the 30th International Ballad Conference, Bucharest, Romania, 15-18. 8. 1999. Bucharest: Editura Deliana. 2001. 191-200.

—. "To Tread on the Neck of the Tzar" -Songs from the War against Russia 1853-6.' In Dace Bula and Sigrid Rieuwerts (Eds) *Singing the Nations: Herder's Legacy*. BASIS 4. Trier: WVT Wissenschaftlicher Verlag Trier: 2007. 136-43.

—. "The Legal Mob. Mythologizing the imperial project in Popular Narratives of the Indian Uprising of 1857." In David Bell and Gerald Porter eds., *Riots in Literature*. Cambridge Scholars Publishing, 2008, 77-92.

—. "Thou Tyrant, Turk, thou Infidel". Identity in the representation of Turkey in traditional song." Faro, Portugal: University of Faro. Forthcoming.

Qian Zhongshu. *A Collection of Qian Zhongshu's English Essays*. Beijing: Foreign Language Teaching and Research Press, 2005.

Roberts, J. A. G. *A Complete History of China*. Stroud: Sutton Publishing, 2003.

Sargent, Lyman Tower. "Utopianism in Australia and Ireland." In *Australian Journal of Irish Studies* 4. Perth, Western Australia [2003]. 293-301.

Schweiger, Irmy. "China." In Manfred Beller and Joep Leerssen, eds., *Imagology. The cultural construction and Literary Representation of National Characters: a Critical Survey*. Amsterdam: Rodopi, 2007. 126-131.

Shuldham-Shaw, Patrick, and Emily B. Lyle. *The Greig-Duncan Folk Song Collection*. Vol. 1.

Aberdeen: Aberdeen University Press, 1981.

Shuldham-Shaw, Patrick, et al. *The Greig-Duncan Folk Song Collection.* Vol. 3. Aberdeen: Aberdeen University Press, 1987.

Shuldham-Shaw, Patrick, et al. *The Greig-Duncan Folk Song Collection.* Vol. 6. Edinburgh: Mercat Press (for the University of Aberdeen), 1995.

Storey, John. *Cultural Theory and Popular Culture.* 3rd ed. Beijing: Peking UP, 2004.

Williamson, Judith. *Decoding Advertisements*. London: Marion Boyars, 1978.

後作家武田泰淳の「中国体験」

黒古一夫

要　旨：日本の戦後派作家を代表する武田泰淳は、（旧制）浦和高校時代に左翼＝革命運動に参加し、その後も東京大学を一年で退学するまで続けるが、度重なる逮捕・拘留を経験する中で「転向」を余儀なくされ、転向後は「中国文学」への関心を強め、それは日中戦争の開始（一九三七年七月七日）に伴って一兵士として「武漢作戦」に従事したことでさらに強化され、除隊後に「司馬遷は生き恥をさらした男である」という衝撃的な冒頭で始まる『司馬遷』（一九四二年）を書くに至る。武田泰淳の「中国体験」、それは戦後派作家としてその後長く活躍する基底になるものであった。

キーワード：左翼（学生）運動　転向　中国文学　『司馬遷』　批評精神　戦後派作家

<1>「左翼体験」＝政治運動体験

　『増補　武田泰淳全集』（全十八巻・別巻3　一九七八～八〇年　筑摩書房刊）の『別巻三　増補武田泰淳研究』に挟み込まれた『武田泰淳全集第十八巻　補遺』の中に、「作家に聴く・武田泰淳」という略伝を記した文章があるが、その中で武田泰淳は自らの「政治運動＝左翼体験」について、次のように述べていた。

その頃は、左翼の盛んな頃で、僕も浦高（旧制浦和高校―引用者注）時代すでにＡ（反帝グループ）というのに入っていた。浦和市には、男女の二つの師範学校があったが、紀元節などというと、ここへビラを撒きに行っていた。それから大学に入った年（昭和六年）の五月末だったが、仲間の学生たちと三人で、中央郵便局へビラ撒きに行ったところが、その内二人が捕って、僕もその一人だった。その頃の僕は、革命運動のピューリタンで、したがって食べるものも極度に節して、残りの金はすべて運動に出していたので、身体はひどい衰弱だし、足はヒョロヒョロする有様で、逃げたが、たちまち捕まってしまったのだった。丸ノ内署に連れて行かれ、さらに本富士署に廻されて、三十日ほど置いておかれた。

　　やがて出されたが、その時の経験で、自分はとうてい闘士などになれる人間でないことは、よくわかったが、そのくせ諦めることもできないでいるうちに、父が、「そういう運動はやめろ。そのかわり、本はいくらでもやるから、勉強しろ。」というので、つい僕もその気になり、大学はそのまま廃して、まあ漫然と勉強することにした。

　周知のように寺（父親の大島泰信は、潮泉寺（浄土宗）住職、大島家の次男であった泰淳は、父の師僧であった武田芳淳の養子となり、武田姓を継ぐ）の子供に生まれた武田泰淳が、「主義者＝反体制思想家」への弾圧が烈しかったこの時代――武田泰淳が浦和高校に入学した年の三月には、小林多喜二の『一九二八年三月十五日』（二九年刊）で描かれた革命勢力への大弾圧があった年である――に何故「反帝グループ＝左翼」の一員として活動するようになったか、そのことについては、これまでに明確な「解」が提出されているとは言えない。知見の範囲に限るが、川西政明の『武田泰淳伝』（〇五年　講談社刊）をはじめ、例えば『全集』の『別巻三　武田泰淳研究』に収録されている数多の「武田泰淳論」や「武田泰淳研究」の類も、そのことについて詳らかにしているとは到底言えない。武田泰淳自身は、先の引用の「（中央郵便局にビラ撒きに行って逮捕された）その時の経験で、自分はとうてい闘士などになれる人間でないことは、よくわかった」と自己納得的な言い方をして済ませているが、これでは何故革命運動に参加したのか、その「内的契機・必然性」について十分には語っていない、というしかない。

ただ、「自伝」的要素の強いいくつかの初期短編には、「とうてい闘士になれない」理由の一端が書かれている。例えば、浦和高校から東京大学に入学したばかりの頃の学生運動体験を基にした作品『冷たい火焔』（四九年）には、「熱情らしいものを示したことがなかった」主人公が、革命運動＝学生運動の仲間にどのように受けとめられていたのか、主人公の学生運動への参加の実態について、次のように描写されている。

　　由井が左翼グループに加入したことに気づいた者は、同クラスでもほとんどなかった。かなり学生の思想動向に詳しい生徒主事も、最後まで由井を念頭に置いていなかった。グループの者たちも、由井が自分たちの仲間に入ったことに奇異の感を抱いたし、どこか油に水の不調和がつきまとった。

このような状態での左翼運動＝学生運動への参加、それは次のような主人公（由井＝武田泰淳）の内部における何とも「奇妙な」感覚を伴うものであった。

　　由井は朴と相談してあった文句をそれ（紀元節にカンパを要請するビラ―黒古注）に挿入したらどうかと提案した。それは「諸君の手にした銃をさかさまにして……」という言葉だった。軍事教練反対をうたってあるので、それが必要だ、と由井と朴は話しあった。背の高い理科の学生は由井を見下すようにし、「ではあなたは、学生にすでに階級意識があると思いますか」とたずねた。
　　由井はすぐ「あると思います」と答えた。それはただ反射的にそう答えただけであった。グランドでのいいかげんな教練のあとで、古い三八式歩兵銃をさか手にもったところで、意味がない、そのような現実の事情など、由井は考えてもいなかった。漠然とその文句の面白さを、この運動の面白さとむすびつけていたにすぎなかった。面白くなかったら、由井はこの組織に加入しなかったにちがいない。面白いという意味は、ごく自己中心の、根拠のうすいものであったが、わずかにそれが由井の行動をうしろから押していた。（傍点黒古）

周知のように、「国体護持＝絶対主義天皇制の維持」を目的とする治安維持法（一九二五年制定、以後何度か改訂される）下の日本において、反体制運動（革命運動・学生運動）の組織に参加することは、プロレタリア文学運動の実践者であった小林多喜二の官憲による拷問死（虐殺）が如実に物語るように、心の片隅で「死」を覚悟しなければならないことでもあった。「必死の思い」がなければ左翼運動＝政治運動へ参加などできないというのが、当時の「常識」だったのである。主人公の仲間である「背の高い理科の学生」が、「学生にすでに階級意識があると思いますか」と聞いたのも、左翼グループに加入している学生が本気でプロレタリアート（労働者階級）としての自覚を持ち、「プロレタリアート解放」を真に願っているかどうか、問い質したかったからだろう。

そんな疑念に対して、即座に「あると思います」と答えた主人公（武田泰淳）の答えは、「階級意識」など考えもせず（あるいは、観念的には「プチ・ブル（中産・知識階級）」である自分をプロレタリアートの一員であると思い込んで）学生運動に従事していた多くの学生にとって、たぶん驚くべきことだったのではないか。だからこそ、主人公は「自己中心」であろうと「根拠のうすいもの」であろうと、「面白い」から学生運動の組織に加入しているのだ、と「真情」というには余りに「不謹慎」としか受け取られない言い方で、自らの左翼体験＝革命運動体験を説明せざるを得なかったのである。

ただ、この「面白い」という言い方は、当時の政治状況（弾圧体制）のことを考えると実に「微妙」な言葉で、学生運動＝政治運動に参加している主人公の「真情」をこの「面白い」で言い表しているのは、引用の部分一個所だけであり、他の場所で繰り返されるのは「僕には情熱というものがない」というような、「必死の思い」を必然とする学生運動＝政治運動への参加に不似合いな主人公の心情である。「面白い」と「情熱がない」というのは、一般的に考えれば対極に位置する心情である。しかし、武田泰淳の場合、それはメタルの表裏のように、どちらも当時の心情を正直に表現したものであったと言っていいのではないか、と思われる。つまり、一般的には理解しにくい、「情熱がない」にもかかわらず「面白い」から政治運動＝革命運動に参加していたという武田泰淳の左翼運動＝政治運動体験、彼は先の引用にある中央郵便局へのビラ撒きで捕まった後も、同じ年に日本共産党（再建ビューロー）が刊行していた

「第二無産者新聞」の配布などの理由で三回逮捕されている。また、これは「予防検束」の類であったが、満州国皇帝薄儀の来日に関わって東京の目黒署に一ヶ月半ほど拘留されたこともある——この時、東京府立高校の「反戦グループ」に所属していた小田切秀雄（戦後批評をリードした「近代文学」派の一人）が同じように拘留されていたことが、後に判明する——。いずれにしろ、他人には何とも理解しがたい武田泰淳の左翼運動＝政治運動体験であったことに間違いはなかった。

とは言え、『復讐』（四九年）という「妹」のことを思う兄の心情を綴った短編に、次のような佐代訓導＝戦時運動の第一線から退いた（転向した）後も、「反権力」への思いが持続していたことを綴った部分がある。

　　しかし私は執念深かった。刑事の言葉をかりれば「女の腐ったように思いきりの悪い奴」であった。私は権力に刃向かうことをせず権力にたいする反感だけを、生きている感覚として生きつづけた。何故私はその屈辱の下で生きつづけたのだろうか。復讐のためか。ちがう。革命を信じてか。ちがう。ただ私は生きのびていた。私は地下鉄の線路の上にやがてつまるべき市民の屍を夢想しながらわずかに余命を保っていた。（傍点黒古）

これも、武田泰淳の政治運動体験を「総括＝客観化」した言葉、言い換えれば「転向」後の自己の在り方を言った言葉として考えられる。そして、この傍点部から連想されるのは、武田泰淳の「中国体験」を集大成した最初の著書『司馬遷』（四三年四月）「第一篇　司馬遷伝」の有名な冒頭部分である。

　　司馬遷は生き恥さらした男である。士人として普通なら生きながらえるはずのない場合に、この男は生き残った。口惜しい、残念至極、情けなや、進退谷まった、と知りながら、おめおめと生きていた。腐刑と言い宮刑と言う、耳にするだにけがわらしい、性格まで変るとされた刑罰を受けた後、日中夜中身にしみるやるせなさをかみしめるようにして、生き続けたのである。そして執念深く「史記」を書いていた。「史記」を書くのは恥ずかしさを消すためではあるが、書くにつれかえって恥ずかしさは増していたと思われる。

これまで多くの批評家や研究者が指摘してきたように、この冒頭部分は武田泰淳自身の政治運動体験を含めた「青春時代」を総括した言葉に他ならなかった。つまり、武田泰淳は「腐刑」を受け、「宦官」という男にとっては「恥ずべき」職業を強いられても、「生き続ける」ことを選んだ司馬遷について書くことで、小林多喜二のような生き方、あるいは自死への道を歩くような生き方とは反対の、「生き恥をさらす」ような生き方を選んだ自分自身の在り方を示したくて、『司馬遷』の冒頭部分に書き込んだというわけである。『司馬遷』が刊行された時、当時としては少なくない数の読者を得たが、それは戦時下でありながら、武田泰淳と同じように「鬱屈」を胸に秘め「生き続ける」道を選んだ者、つまり左翼体験を持ちながら権力に屈服した者、あるいは左翼思想を自分の生き方の根幹としながらそれを堂々と主張できなかった者が、日本の思想史や文学史が教えるよりは数多く存在していたからではなかったか。

　武田泰淳が生涯「尊敬」の念を持ち続けたプロレタリア文学作家の中野重治は、「転向（文学）」論議が激しくなってきた一九三〇年代の半ば、仲間の貴司山治が「文学者に就いて」（「東京朝日新聞」三四年一二月一二〜一五日）で「転向作家は第二義的な存在である」と「転向作家」を貶めるような発言をしたことに対して、「『文学者に就いて』について」（「行動」三五年二月号）の中で、次のように書いた。

　　弱気を出したが最後僕らは、死に別れた小林（多喜二―黒古注）の生きかえってくることを恐れはじめねばならなくなり、そのことで彼を殺したものを作家として支えねばならなくなるのである。僕は革命の党を裏切りそれにたいする人民の信頼を裏切つたという事実は未来にわたって消えないのである。それだから僕は、あるいは僕らは、作家としての新生の道を第一義的生活と制作とより以外のところにはおけないのである。もし僕らが、みずから呼んだ降伏の恥の社会的個人的要因の錯綜を文学的総合のなかへ肉づけすることで、文学作品として打ちだした自己批判をとおして日本の革命運動の伝統の革命的批判に加われたならば、僕らは、そのときも過去は過去としてあるのではあるが、その消えぬ痣を頬に浮べたまま人間および作家として第一義の道を進めるのである。

武田泰淳の『司馬遷』も、「転向＝実際的な政治＝革命運動からの離脱」はしたけれど、これからも「書いていくこと」、言い換えれば「文学（中国文学）」に関わっていく、という宣言だったのである。

＜2＞「中国体験」の意味

　『全集』の『増補　武田泰淳研究』（埴谷雄高編）に付された「年譜」の「昭和三年（一九二八）十六歳」の項には、「中国文学」への関心の始まりについて、次のように記されている。

　　　中学四年修了で浦和高等学校文科甲類に入学。＜代返＞で出席をかせぎ、教室にはほとんど顔をださず、もっぱら図書館にとじこもって、「国訳漢文大成」本の「紅楼夢」や、魯迅、胡適などを読みあさり、また漢詩二十篇ばかりを試作したりした。中国文学に興味を寄せるようになった原因は、親類の者の示唆で、中国文学志望の学生はたいがい頭が悪いから、ほんのちょっと勉強すれば首席になれると聴いて発憤し、よしそれならば、と読みはじめたのが病みつきになったもの。

　先に引用した「作家に聴く・武田泰淳」でも、ほぼ「年譜」と同じようなことを言っているので、おそらく中国文学を読むようになったきっかけは、「年譜」の通りに「親類の者の甘言＝示唆」によるものだったのだろう。ただ、ここで指摘しておきたいのは、中国文学への傾倒と左翼運動＝政治運動への参加がほぼ同時期であった、ということである。このことを忘れてはならない。これは後の言葉になるが、武田泰淳は「中国」「中国文学」に惹かれる理由として、「（中国人留学生の）その生活はすさまじいものがあった。彼等の生活のすさまじさは、結局、中国のすさまじさであり、その底の知れぬ深さ、不可解さも、彼等を追いまくる祖国の現実そのもののもたらすところであった」（小説『学生生活』「中国文学」第七七号　四一年一〇月）を挙げ、また「美しさとはげしさ」（四七年一月）という戦後のエッセイでは、「物のあわれ」や「幽玄美」などを特徴とする「日本文学」と比較して、次のように言っていた。

　　　中国文学にははげしさと美しさが融け合っている。作品にも作者にも、はげしさの要素がゆたかで、美の世界はそれを離れることはしない。弱々しい美しさがそれだけで、物のあわれとして結晶することもせず、はげしさが筋金として加えられ、文学は鼎のようにゆるぎないもの、或は金鉄のように手堅い形をなすのである。詠嘆に流れ感情をたどり、時の移りかわりに柔らかく順うよりは、批判を忘れず、理知にたより、空間の中に腰を据えるのを好む。流動の美よりは定着の美といえるだろうか。五言七言の詩や、厚手の建築の様式と、日本の和歌俳句や茶屋づくりをくらべた場合、感覚的にそれと察せられるけれど、これには深い鉱脈の相違があるのではなかろうか。日本文化の時間性と、中国文化の空間性について、谷川徹三氏がふれたこともあったが、その問題はもう一度はげしさの在り方の相違として取り上げてみる必要があるのではなかろうか。

　このような武田泰淳の中国文学（文化）の捉え方に対して、一般的に「想像力」よりも「事実」を重んじる作家だからという言い方で評価されているが、ではここで言う「はげしさ」、あるいは「想像力」よりも「事実」が大事と言ったときの「事実」の内実は何であるかということになると、作家自身が明確に説明していないということもあって、どうも曖昧模糊となってしまう。ただ、「美しさとはげしさ」というエッセイが、日本にいて古今の中国小説を読んでいた時代から引き続き、東大入学と共に知った竹内好や増田渉たちと結成した「中国文学研究会」（一九三四年結成）の初期と異なった意識＝文学観によって書かれたのではないか、ということがある。つまり、武田泰淳は輜重兵として日中戦争が始まった年（一九三七年）の一〇月に招集され、中国大陸に渡る（武漢に駐屯した）が、そこで「本＝文学」に表現されたものとは異なる中国の「現実」をつぶさに見せつけられ、その後の「敗戦」を上海で迎えるという体験を経て得た考えであることを、十分に考慮しなければならないのではないかということである。

　言い方を換えれば、兵士として中国大陸の「現実」を知る前の武田泰淳は、「文献（中国文学や歴史書、同時代レポートなど）」の上でしか中国について知らなかったが、「中国」を自分の足で歩き、そこで生きている人々（民衆）と向き合う体験を経ることで、それまでの「知識＝観念」で知った中国とは別なものを武田泰淳は手に入れたのではないか、ということである。この武田泰淳の「変化」は、彼が一九三八年に中国の戦場から「中国文学研究会」の機関誌「中国文学月報」（四四号）に送った「土民の顔」によく現れている。「日本軍がいかにやさしく近づいたとしても戦線では支那の人民はなかなかついてくるものではありません。武装した我々に支那人たちが近寄るとしてもその時はもはや或る首の心構えをととのえて来ているに違いありません」という文章で始まる「土民の顔」は、次のような武田泰淳の中国文学（文化）への向き合い方の「転換」を伝えるものであった。

> 土民の顔は黒く日焼けし素朴に見えますが彼らの心は青黒く深い潭のようです。子供でさえ何という鋭い智慧のはたらきを蔵していることでしょう。我々兵士が交際するのはかかる心を持った貧困な土民ばかりです。これらの住民はおそらく大部分の支那研究者、支那旅行者の眼にとまらなかったやからでありましょう。しかしアジア的なるもの、東方文化の一つの源流をなす支那を形づくっているものは彼らなのであって、日本の漢学者と古書の発見についてペチャクチャ北京語をはなす二，三の学者ではありません。立派な東亜研究所や東亜文化協会が出来るのはもとより喜ぶべきことではあります。しかしその首脳者が大地に群がるこの無数の土民の顔を念頭におかずしていたずらに東方文化建設を論ずるならば、戦線にあって自ら土民の鋤をとって道路を構築する工兵や、土民の鍋で彼らと共に食事を炊いでいる警備兵はその施設の無力を笑うに違いありません。

これは、明らかに古色蒼然とした「中国文学（漢学）学会」批判を隠れ蓑に、中国への侵略戦争を続ける日本政府・軍部の「大東亜共栄圏」構想への痛烈な批判と言っていいだろう。「立派な東亜研究所や東亜文化協会が出来るのはもとより喜ぶべきことではあります。しかしその首脳者が大地に群がるこの無数の土民の顔を念頭におかずしていたずらに東方文化建設を論ずるならば」という言い方は、「土民＝民衆」の実際を知ろうとせず、いたずらに中国の古典籍を読み、観念的な議論を繰り返している学会（研究者の世界）への確かな批判である。そして、それは同時に中国の現実や五千年に及ぶ歴史を知らずに、臆面もなく「侵略者＝権力者」であることを隠そうとせず、「東洋の盟主」然として「東亜研究所」や「東亜文化協会」を作り、「知」の世界をも独善的に支配しようとする日本の文化官僚（政府・軍部）への批判でもある。治安維持法を最大限に利用した戦時下の「言論統制」のことを考えると、よくこのような「権力批判」が小さい雑誌（「中国文学月報」）とは言え可能だったな、と今更ながら驚く。とは言え、このような中国の「現実」を踏まえての中国文学に関する発言は、いかに武田泰淳が「戦場＝中国」体験によって衝撃を受けたかを如実に物語るものだったのである。

　武田泰淳が召集解除されて帰国した直後に、「政治体験＝転向体験」と兵士として中国で日常的に眼にした「土民の顔」＝戦場体験を基に、「司馬遷は生き恥さらした男である」で始まる『司馬遷』を構想したのも、もし本当に中国文学（文化）を愛するのであれば、「観念＝知識」ではなく、「土民の顔」に現れた中国の姿を刻むものでなければならない、と思ったからに他ならなかった。つまり、武田泰淳は兵士として戦場で、そして街中で体に染みこませた中国社会の「現実」を基に、日本文学（文化）の在り様と違う中国文学（文化）にアプローチしなければならない、と思うようになっていたのである。その意味で、『司馬遷』を完成させることによって、「事実」を基に文章を構築することの大切さを改めて確認した武田泰淳の批評精神が、以後「厳しさ」を増していったのは当然のことであった。何しろ、武田泰淳は中国文学（文化）から次のような欠くべからざる文学精神を学んだのだからである。

　　　中国文芸の批判精神は、我々日本人から観て実に驚くべきものがあります。漢代文化に対する司馬遷の場合、独裁者曹操に対する孔融の場合をもってしても、十分に証明されることであります。死してなお批判精神を失わぬのが、中国文人の態度でありました。この補反省心は「水滸伝」「儒林外史」のような小説類にもふくまれております。元曲や俗謡にもふくまれております。山水画の中にさえあらわれておりましょう。竹林の清談にも、明末の公安派にも認められます。清末の譴責小説が文学的に低い物であることは諸文学史家の説くところでありますが、しかもその影響力が意外に強かったのは、批判精神に拠ってでありましょう。これなくしては中国文芸は、確かに精彩の失せたものとなったでありましょう。批判精神とはただ単に口やかましいことでもなく、ただ単に怒鳴り立てることでもありません。孔夫子の言われた如く「一以て貫く」ことであります。曲折変転すべて貫き行く精神であります。沈黙静閑の中にも脈々として尽きざるもの、高邁にして絶えず、崩れざるもの、東邦文人の毅然たる風格のここに懸る一点であります。自己をみつめることきびしく、また他をかえりみて冷徹なる態度であります。（「中国作家諸氏に」四三年一〇月）

　この後、武田泰淳は日本文芸が『万葉集』の時代から芭蕉を経て志賀直哉などの私小説に至るまで、全て「信仰行動」の結果であるとし、中国文芸の「批判精神」と日本文芸の「信仰行動」とを融合することによって、「東洋人の悲哀」と「悲願」と「慟哭」が、全世界に向かって喚起の様相を示現し得るのではないか、と書いた。この後半部の、中国文芸の「批判精神」と日本文芸の「信仰行動」の融合云々が、弾圧（検閲・発禁）を恐れた先の小田切秀雄の言う「奴隷の言葉」であることは明白だが、しかし「中国文学研究者」であった武田泰淳がこの頃から「小説」を書き始めたことを考えると、中国文学から「批判精神」を読み取った（学んだ）ということは、作家・武田泰淳を考える際の欠かせない要素である、と言えるだろう。

　なお、単行本『才子佳人』（四七年一一月刊）の「後記」に、「十九年に前半を書き、二十一年帰国後再び筆を加えた」と書かれた『才子佳人』（四六年）で戦後派作家としてデビューした武田泰淳の「中国」体験については、材を『中国』にとった初期の小説も含めてそのほとんどのエッセイや評論が、『揚子江のほとり』（六七年六月　芳賀書店刊）や『黄河海に入りて流る』（七〇年八月　頸草書房刊）に収録されている。因みに、『才子佳人』（「人間」四六年七月号）以前の小説を全て列記すると、以下のようになる。

　（1）『廬州風景』（四二年作、四六年改作）
　（2）『Ｅ女子の柳』（「中国文学」四一年一月）

（3）『会へ行く路』（「中国文学」四一年八月）

（4）『学生生活』（「中国文学」四一年一〇月）

（5）『玉（王偏に黄）伝』（「中国文学」四二年二月）

（6）『閃鑠』（「中国文学」四三年三月）

　これらのほとんどが「習作」の域を出ないものと言っていいが、そうでありながら同時にこれらの短編は、紛れもなく後の「戦後派作家・武田泰淳」を予感させるものであった。このことも併せ付記しておく。

编后记

前日看到一则新闻，国内热播剧《甄嬛传》开播两年多来，"闯美入韩又登日"，近日又将改编成电视电影，在美国的主流电视台播出。后宫中的众小主即将操着一口美语，华丽丽地与美国观众见面。其中一个重要问题引起了关注，剧中那些富含中国文化元素的台词，在改编和翻译时，如何既保证中国文化的传承，又能让美国观众接受。可以说，这是当下中国文化"走出去"必须面对的核心问题。

域外中国文化形象研究的重要性，已无需赘言，我们策划这一集刊，正是感受到这项研究的急迫和必须，同时也是出于对中国文化的热爱。这句话听起来略显老套，可能会让人觉得不很真诚，但这却是我们当前最朴素的想法。正是对中国文学和文化的热爱，将两位编者连在了一起。一个是日语专业出身，一个以修习英语为业，却都聚焦于中国文化在异域的译介与传播。为什么日本人喜欢王维，美国人却将寒山奉为中国诗歌的鼻祖？为什么《红楼梦》在日本的"受容"与在英美的"接受"有所不同？为什么与莫言一起竞争诺贝尔奖的村上春树最终败北，是否因其没有遇到像葛浩文一样的好译者？这些问题，都是我们小聚之时惯于讨论的大话题，当然也是促成这本书的直接动力。

不得不承认的是，从兴起到落实，中间有较长的路要走。作为年轻学人，我们战战兢兢地挑起这份重担，从力邀国内外知名学者担任编审、为本刊把关，到每篇稿子逐一编辑、变成白纸黑字，几经波折，个中甘苦自知。现在要出版一本刊物并不难，但要维持刊物的品质却不易。希望这本集刊，在茫茫书海中能占有一个小小的角落，用我们的声音，与读者一起领略：看那唐风宋韵如何漂洋过海，听那钟鸣鼓奏如何激荡外乡。这一期的最后一篇文章《从抑郁症恐惧到海水浴迷狂——18世纪西方社会对海水价值的发现》开启了我们下一期的主题：中国海洋文化研究。在此诚邀各方家赐稿，共同期待下一次的学术海洋之旅。

齐珮 陈橙

2014年5月3日

稿　约

　　为积极响应建设21世纪"海上丝绸之路"的国家战略新构想，依托上海城市发展在"海上丝绸之路"的重要历史、地理和文化意义，《上海海洋大学海外中国形象研究集刊》第二辑将从思想、历史、文化等人文科学领域入手展开海洋学研究，主要以海洋发展战略研究、海洋国家形象建构、海洋文学/文化经典译介为核心议题，力求突出21世纪"海上丝绸之路"新构想的国际视野，切实结合国家海洋事业发展需要，征集英、日、韩等多语种海洋人文科学研究领域的优秀科研成果，以期为我国的海洋经济发展、海洋文化研究以及海洋战略决策咨询提供可资借鉴的外国经验和智力服务，引领海洋学研究前沿和学术发展方向，率先为我国的海洋事业发展搭建起一条学术界的"丝绸之路"。

　　具体围绕以下三个专题谨向学界同仁约稿：

　　一、世界各国文学中的海洋想象与再现。包含自古以来的文学作品、文化现象对于海洋世界的描述、再现与想象，如海洋历史、海洋民间信仰与习俗、海洋自然生态等在文学作品中呈现的风貌与象征意义。

　　二、世界主要海洋国家的海洋文化形象建构。世界上主要的海洋国家因不同的历史文化背景对海洋世界与人文景观的记录与想象纷繁多样，在跨文化交流的过程中、在跨语际译介过程中，各国海洋文化形象是如何被建构、被言说的。

　　三、中外海洋发展史与海洋国家战略研究。本辑希望针对海上交通、贸易、港口、城市以及战争与族群迁移等以国家、城市的海洋发展战略、对策为研究议题倡导研究者进行广泛而深入地交流和探讨。

　　此外，本辑也欢迎围绕上述议题展开的访谈、对谈、书评等形式多样的文稿，共同分享海内外同仁海洋学研究心得和体会，以期提供更为多元的研究视角和观点。

来稿须知：

1．来稿要严格遵守《中华人民共和国科学技术保密条件》，不得涉及国家机密。

2．来稿要求论点明确，文字简练，数据可靠，图表清晰，字数控制在10000字以内。

3．来稿请使用WORD软件编辑，文章标题字体为宋体，字号为小四号，正文字体为宋体，字号为五号，A4纸1.5倍行间距。

4．稿件须附中英文摘要和关键词。中文摘要字数控制在300字左右，关键词3—5个。

5．来稿请采用脚注（页下注）形式标注引证文献。具体要求如下：

（1）引文的注释序号为①、②、③……统一置于引文之后。

（2）对应的注释序号按照每页重新开始的顺序自动置于页下，通过注释序号将正文的引文与注释内容一一对应，完成文献引证。

篇幅较长或需要特别强调的引文，不加引号，另起段落，与正文区别。

具体注释内容要求：

①中文专著

例如：钱穆：《国史大纲》（修订本），商务印书馆，1996年，第38页。

②中文连续出版物（期刊、报纸等）

例如：吴艳红：《明代流刑考》，载《历史研究》，2000年第6期，第34页。

③外文文献

引证外文文献，以该文种通行的引证标注方式为准。

英文文献责任者一律名前姓后，责任者与英文题名之间使用英文逗号隔开，著作名为斜体，期刊文章或其他析出文献题名用正体加英文引号。

例如：

Richard Hofstadter, *The Age of Reform:From Bryan to F.D.R*, New York: Vintage Books, 1955, pp. 24-26.

Benjamin Elman, "Early Modern or Late Imperial Philology? The Crisis of Classical Learning in Eighteenth Century China," *Frontiers of History in China*, Vol.6, No.1, 2011, pp. 3-25.

6．请在稿件页末另起一页附上作者信息（内容包括：真实姓名，出生年月，性别，籍贯，工作单位，职称职务，研究方向等）、联系方式（内容包括：联系电话、通讯地址、电子邮箱等）、论文课题、基金项目等成果，请注明课题名称、编号。

7．本刊实行双向匿名评审制度，不向作者收取版面费，自投稿之日起三个月内未接到录用通知，请作者自行处理。

8．请勿一稿多投，遵守学术规范，文责自负。

9．本刊联系方式：

通讯地址：上海市浦东新区临港新城沪城环路999号

上海海洋大学外国语学院行政楼401室（邮编：201306）

联系电话：15692166776；13052312260

电子邮箱：pqi@shou.edu.cn 或cchen@shou.edu.cn

联系人：齐珮　陈橙

图书在版编目(CIP)数据

域外中国文化形象研究(第1辑)/齐珮,陈橙主编.
—北京:中央编译出版社,2014.12
ISBN 978-7-5117-2388-8

Ⅰ.①域…
Ⅱ.①齐… ②陈…
Ⅲ.①文化研究-中国
Ⅳ.①G12

中国版本图书馆CIP数据核字(2014)第257019号

域外中国文化形象研究

出 版 人:	刘明清
出版统筹:	贾宇琰
责任编辑:	贾宇琰　张　娟
责任印制:	尹　珺
出版发行:	中央编译出版社
地　　址:	北京西城区车公庄大街乙5号鸿儒大厦B座(100044)
电　　话:	(010)52612345(总编室)　　(010)52612375(编辑室)
	(010)52612316(发行部)　　(010)52612317(网络销售)
	(010)52612346(馆配部)　　(010)66509618(读者服务部)
传　　真:	(010)66515838
经　　销:	全国新华书店
印　　刷:	北京京华虎彩印刷有限公司
开　　本:	787毫米×1092毫米　1/16
字　　数:	260千字
印　　张:	13.75
版　　次:	2014年12月第1版第1次印刷
定　　价:	49.00元

网　　址:	www.cctphome.com　　邮　　箱:cctp@cctphome.com
新浪微博:	@中央编译出版社　　微　　信:中央编译出版社(ID:cctphome)
淘宝店铺:	中央编译出版社直销店(http://shop108367160.taobao.com)

本社常年法律顾问:北京市吴栾赵阎律师事务所律师　闫军　梁勤
凡有印装质量问题,本社负责调换。电话:010-66509618

封面作品名称：太一
封底作品名称：自我的准则
创作时间：2004年

画家简介

杰拉尔·夏杰澜（Gérard Charlin），法国当代著名抽象画艺术家，本书封面作品《太一》与封底作品《自我的准则》均出自他手。他醉心于中国明清古典山水画，尤其钟爱石涛作品，其绘画作品深受《苦瓜和尚话语录》影响，画风磅礴大气。近年来创作了一系列大型装饰画，活跃于巴黎、佛罗伦萨、东京等艺术胜地。

出 版 人／刘明清
出版统筹／贾宇琰
责任编辑／贾宇琰 张 娟
装帧设计／田晗工作室

域外中国文化形象研究
Studies on Chinese Cultural Images Abroad

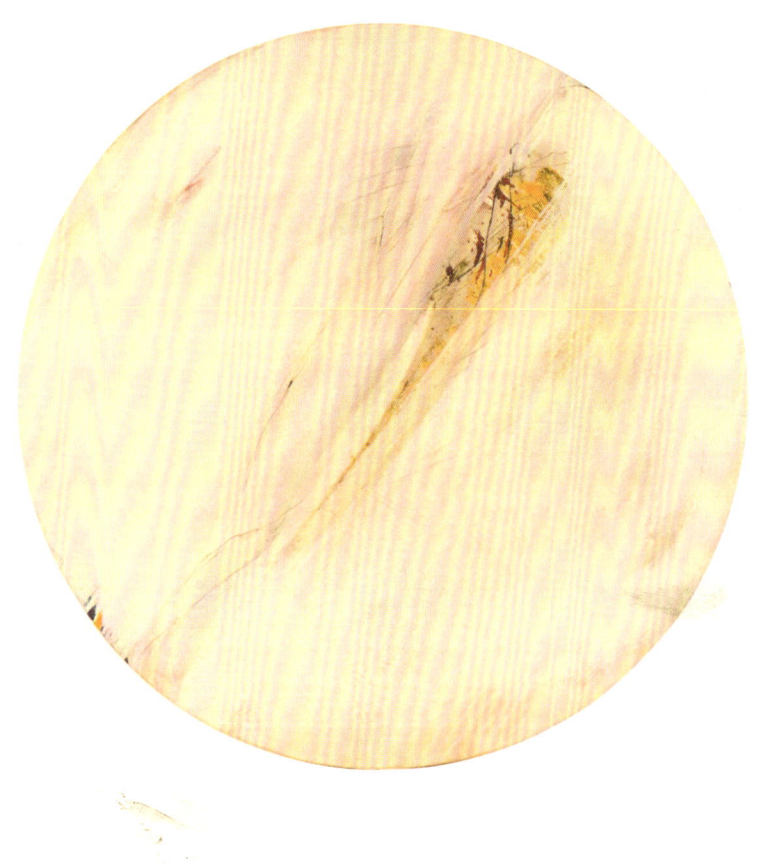

微信扫描（ID：cctphome）

ISBN 978-7-5117-2388-8

定价：49.00元